The Principle of Real Management

実証・経営原則「継ぎ・続ける」

エデュース・はら事務所
原　清
Hara Kiyoshi

SUNRISE

増補版に寄せて

２０２０年10月の初版から半年、方々から「事例豊かでわが事のような内容が多く、思わず背筋が伸びた。判断に困ればこの本を辞書がわりに……」とのご感想も頂きました。

本文の中では、実話をそのまま述べることはありませんが、類似した多くの事例は少なくありません。体験・知見に〝原則〟を加えれば〝経験則〟になります。

当増補版には創業以来50年で年商１兆円規模になろうとするウエルシア（東証１部上場、薬・調剤・食品・介護・化粧品・サービスの複合小売）を事例に創業者自身の話が挿入されています。

根底からの変革を迫られる企業にとって、示唆に富み自信と確信を呼び起こしてくれる内容です。

中国に端を発すると言われるコロナ疫病対応を通じて日本が〝落伍国家〟であることを証明されました。（落伍とは「堕ちた」の意）

例えば、「２０２１年5月のワクチン接種率は１％未満、世界で60位以下」「２０２０年、国家財政は国家債務対GDP比270％（米＝130％、中国＝70％）」「再生エネルギーはヨーロッパ・中国に大差の後塵（デンマーク83％、ドイツ40％、中国27％、日本18％）、EVの遅れ顕著」「台・韓・中に比べ、デジタル化周回遅れの現実」。多くのノーベル賞受賞者を出し、安心安全、先進医療・製薬レベルの日本に未だ独自のワクチンメーカーがない……一体なぜか⁉　既得権と規制でがんじがらめ、それを口実に決めるべきを決められないリーダー……。そして今、一兆円規模の「事業再構築補助金」バラまきの豪雨。群がるコンサルタント・中小企業診断士の申請代行報酬は2、3割。多額の税金投入も経過と結果にだれも責任を負うことはなく、常識ある経営者でさえ受け身にさせる（2021・8・12毎日新聞）……。お粗末経済対策の一例です。この国はどこに行くのか……。

会社は「自力本願・自己責任」を念頭に、消費者につながる〈商品・サービスのS・C・M（需要～供給のプロセス）の中〉で、小さくても独自の力＝存在価値が「わが道を拓く」のです。

日本・自社独自の文化や精神・技術を礎に、商品・サービス、先進技術を創り出す環境を具現化しなければ会社は泥舟、誰も助けてはくれません。

「企業は継続・成長することこそが存在価値であり使命」。

生き残る会社は、

1、お客さん(市場)の求める「他にない価値」の提供を不断に求め実現していく会社。

2、経営者自身が現場と共にあり、知り、判断を下すことのできる信頼風土がある。

3、重要な点は、「顧客目線の現場であるために」「フラットでオープン」な経営であることです。

生き残り成長を志す企業は、組織が肥大し「〝親方日の丸〟の鉄面皮化」しないためには、不断に「創業・中興の祖の経営原点」に戻らなければなりません。

日々、尽きることのない基本(当たり前にやるべきこと)の反復連打、そこに若い力(創造・実践)を積み上げていく、ヤルと決めたことは全力でやり切る。

こういう大変な時期だからこそ眠っているチャンスを掴まなければなりません。

増補版を出すにあたっての思いです。

2021年　秋立つ頃

はじめに

混沌期の継ぎ時は、会社の変え時

企業経営は駅伝競走です。

まずは走れること。ルールを守り、ペースを保ち、フォームを整え、走り続け担当区間を全うし、次の走者に継ぐ。「継ぐ」その瞬間にもタスキの持ち方、渡し方、タイミングとペース、タスキを渡す側、受けて走り出す方の呼吸のとらえ方、間合い、互いが互いを思いバトンを継ぐことでリレーは次に。

創業者がゼロから始めた会社や中興の祖と言われる二代目、三代目によって継続・成長してきた会社なら、無我夢中で我を忘れ脇目もふらずにただただ懸命なだけで時は過ぎていきます。

ワンマントップは自由で試行錯誤の日々は誰に束縛されることもありませんでした。

一方、事業・会社を受け継ぐ方はあれもこれもと前任者と比べられ制約され縛られてばかり。しかたがありません。走ってきた会社にはすでに〝ビジネス（事業・仕事）〟があり、社員がいてお客さんがいてヒト・モノ・カネ・技術・歴史を背負い、それを力に今があるのですから……。

受け継ぐ人にとって継ぐ、維持する、発展させることへの圧力は相当なもの。会社を次代に継ぐ時の継ぎ方とその結果についての責任は、渡す側、受ける側の双方にありますが、時期とタイミングだけを取れば圧倒的に実績を持つ渡す側に多いと言えます。

企業の表面的な形式・面容はどこの会社も同じように見えますが、その実相・内容・やり方は十社十色、十社十様です。

「うまくいっている会社」、小さなことでつまずき「再起不能のまま消える会社」「蘇生する会社」「先代までの会社がさらに活き活きと発展していく会社」……様々です。

成功事例をまねたところで所詮は表面的なやり方で同じようにいくはずもありません。また、「失敗に学ぶ」にしても、「失敗」はいろいろな要素要因が重なり合ってのことで、特定断定されることもありません。

実感することは「劣化していくであろう大企業のやり方に隷従・盲従していては明日がない」です。意思決定の遅さは稟議の仕組みのスピード感皆無・無責任さのシンボル。可能性よりもミスをしないように、の組織の掟。そこで同質・平等思想の中で不公平な報酬制度をはじめ、中小企業だからこそ打破・実現できる一点集中突破の仕組みをつくり実践するのです。

経営環境は逆境にあります。現在のビジネスの足元を固め、経営の原点「私たちは誰のために何のために存在するのか」の原点に戻り、「お役立ち価値」を確認、若い人の力を引き出す仕組みと「志＝目標→目的」を掲げ、個の力を組織の力へ。その基盤は会社としての考え方・思想にあります。

「まあエエわ」と他人事では済みません。

以下で述べる〈経験・事例・原則〉を踏み台に実践へ！

明日しか待っていてくれない今。あるがままを認め、次をどうするかによって明日はもちろん、過去までもが輝いてきます。

継は、「つぐ」と訓読みしますが、本書では「つなぐ」とします。
文章は口語体の常体（だ調）、敬体（です調）を混在させた話しことばです。

目次

第2章　体験・実感経営例

〈事例〉

第3章　経験から学ぶマネジメントの基本

終章　経営原則こと始め

増補

—ウエルシアの経営に学ぶ—

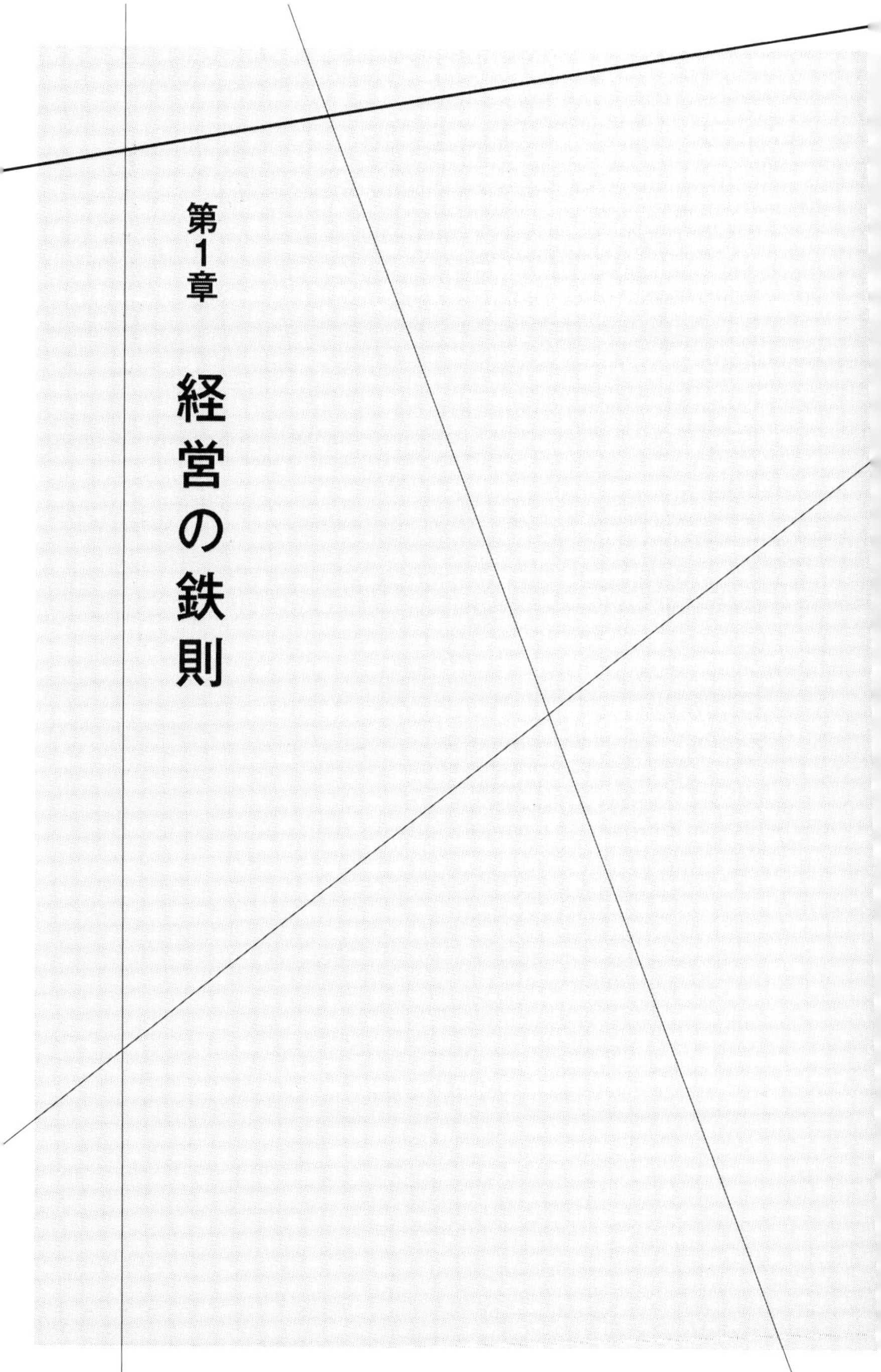

第1章

経営の鉄則

その1、後継ぎは一人、覚悟・情熱から始まる

頭を支える体幹とピラミッド組織

中小企業にとって、経営上一番の課題は後継者の存在と能力の有無に尽きます。

経営に多少の浮き沈みは常のこと。しかし、一年間に廃業する会社が4万社、と聞けば後継者の有無、可否は日々の糧を得るために働く人にとってはもちろん、取引先を含め、社会の安定と発展に与える影響は大きいものです。創業30年後に生存している会社は0・02%だとか（大阪東天満総合会計事務所・経営情識誌・2020年6月号）。

中小企業のほとんどはオーナー会社（＝同族・家族経営）です。オーナーである社長にすれば直系の係累を自分の後継にしたい、と考えるのは、ごく当然かつ自然の心情です。

組織の上下に合わせ、兄を社長に、弟を専務にするのなら序列バランスが取れ、対内・外共に納得性が得られやすいでしょう。

しかし、3人、4人と子女を入社させているケースでは、必ずと言ってもよいくらい混乱を引き起こします。

組織の基本、「頭は一つ」です。会社経営混乱のタネが家族・身内・一族内の諍いに起

因する例は枚挙にいとまがありません。その原因の第一は前社長にあります。もちろん、後継する子女自身の能力や意識構造の甘さが基本的な問題ではあるのですが……。

後継者問題は、相続のからみで取り上げられるケースが少なくありませんが、現実の問題は肝心の後継者の適性や能力だけでなく、肉親の情に加えて金銭がからんでくるのですから複雑です。

まず、後継者と目される人には本人の〝意志〟を確認し、「経営」の〝学び〟が不可欠です。学びは「精神（ソウル）」に始まり〝心得・立場・使命〟を理解」しつつ、会社の命＝仕事を現場に倣（なら）い学ぶことです。「覚悟」＝定め、に心を決めるのです。

親子の年齢がうまく経営を継ぐ循環サイクルに入っていくための後継者問題は、現社長に予め周到な準備、それも次期社長になるべき人と、他の道を歩むべき人を明確にしておくべき責任があります。会社のためにも本人のためにも大切なことです。

うまく引き継がれる例

事例①　長男は3年間他社に勤務し次男には、「長男は将来的に社長にするために入社させる、長男に至らないところがあれば補佐すること。決して逆はない」と社長の意を伝えた上で、次男の意思を確認して入社させました。

2人の日常を5年間は多方面から社長自身が観察し、他の役員クラスの人にそれとなく評判・様子を聴きます。それが周囲の人への根回しでもあります。

2人各々の特徴・強み・弱点を確認しながら異なる分野(例えば開発・企画、経理・総務、生産・技術)を担当していく。

長男・次男共になかなか芯のある有能な人、35歳で各々専務・常務になり、率先垂範を地でいく様子に社員からの人望も固まっていきました。2人の努力は「見られている辛さ」を見られている中でバネにして、先へ先へと新しいことに挑戦していける場を自分自身がつくっていったのです。

事例② 前社長に子女は3人。内、女性が2人で、後継は長子である、と本人も周囲も周知自認、認知する中でとてもうまく継がっていったのです。前社長は技術・品質とコストに関してはとても厳しい人。当時、20歳代であった子息が作った試作品を前社長に酷評され逆上、試作品を床に投げつけてしまったのです。「しまった!」とハッとしたその瞬間に、前社長の手が顔に飛んでいました。

「この試作品にいくらの金を使ったのか! モノではない金(カネ)なんだ。その金は誰の汗の結晶なのか!」周りにいる人全員が、温厚な前社長の面相が空気を揺らすように振るえ共鳴しているようでした、と話していました。

「長男はとにかくモノづくりを考えることが好きなんです。頼りないけど、仕事が好きみたいですワ」と嬉しそうに話しておられたのを思い出します。前社長の個人資産はすべて２人の娘さんに与え、会社経営に直結する資産と株式のすべては10年かけて現社長に順次贈与していかれました。現社長は、先代の育てた事業を足掛かりに異なる事業を展開。テレビＣＭを目にすると心からの嬉しさがこみ上がります。

事例①②は、共に経営は長子に引き継がれて今はまた、次の代への後継を考えなければならない時期になってきました。この二つの事例では、先代の経営時と比べて、売上高は３倍、10倍、利益も倍と３倍、社員規模は２倍と10倍（非正規社員含む）。

事例①では兄弟２人、身内であるだけに、多少の葛藤はあるにしても決して口には出さず互いを立てています。先代の思い、「経営の根本は家業だ。どんなに規模が大きくなっても最後の最後まで２人が力を合わせて」とのことばを守り着実な成長を続けています。次男には兄の下に徹し、会社に尽くす補佐道をと、大手メーカーで10年在社しキャリアを積んできたことが、商品企画に活かせ、人間関係づくりもうまい。これはとても大切です。両社とも、先代からの古参幹部が組織としてうまく機能しています。

両社の共通するビジネスのやり方は、「上場はしない」「いつかは大手に伍す」を目標としつつ、〝2番手戦略〟に徹していることで、その体制を前社長はつくり上げていました。両社とも社長の父親としての愛情がひしひしと伝わり、好ましい人でした。

大手メーカーに市場を開拓してもらい、その後を半歩遅れで歩き、市場が固まり切る前に続く。安全を期して漏れた市場を探り調べ、大手メーカーが拓いた市場を片足ずつ踏み出し固めていく方法です。

考えてみれば韓国のサムスン、現代自動車の経営のやり方もまた、日本が欧米企業の先進性を手探りで模倣していったことと何等異なることはありません。メイド・イン・ジャパンであったり、メイド・バイ・ジャパンであることがブランド力になっている現状を見れば〈品質・価格・ファッション性・品揃え〉の優位性を具備するなら、顧客（主に海外）にとっては、メーカーがどこであるかは問われなくなってきています。

若い力が道を拓く

このような考え方を大胆に打ち出し、外国に出ていき自分を押し出し実践する力は恐さを知らない若さがあってこそ、であることをこの2社の後継者は証明してくれているのです。

私自身がコンサルティングをしながらの経験則で「売上高が10年、20年前と同じか以下レベルであるのなら、その会社は若い人の発想力・創造力を活かしていないから」「他人である社員の士気を上げる努力を怠り、30年、40年前の成功体験に固執しているから」だと実感します。若い人の力を引き出せない会社に先はありません。

社内の若い人の力を引き出すことができるのは、やはり若い経営者なのです。肝心の後継者が若くなければ、後に続く若い社員は、前に出て冒険しようとはしません。委かせてみればできる人はヤります。「やらなければ……」「やろう」と思わせる仕組みと環境づくりが経営者の仕事です。後継者には本人の覚悟の意思を確認し、〝心得・立場・責任〟と妥協することなく徹底的に教え学ぶ場を持つべきです。

その2、〝公〟＝会社と〝私〟＝個人、その分別

経営者は、回り舞台の役者

創業者がどんな思いで仕事を始めたにせよ、会社として誕生し存在し続けている現実は、社会的な価値があることを示しています。

会社で仕事をする一人ひとりの社員が取引を通じて仕入先と関係をもち、わが社なりの

価値をつけお客様に提供するモノ・サービスへの代価が売上です。

わが社と言う〝公〟が稼ぎ出すのが売上であり内部の力で工夫した結果が利益です。社長が「私がつくった会社だから、私はイコール会社、だから会社として稼いだ結果である利益を勝手に使ったたって、誰にも文句は言わせない……」。しかし、事業に出資し、そこで稼いだ、と言っても他人である自社の社員、取引先との取引を通じて会社と言う組織が創り出した「成果」なのです。社長・身内へのサラリーも、会社として創り出した売上から支払われています。

「所有と経営の分離」は大企業であるとか中小企業であるからとその是否を問われるのではなく、先に述べた〝公〟の〝器〟が会社ですからそれをつくり出す社長も一般社員も〝公器〟である会社の中でする仕事は〝公〟の仕事です。上場をもって、オーナー利益を目的とするにしても上場自体が〝公〟です。

では〝私〟とは何でしょうか。〝私〟は個人を意味します。それは「生活者」と言ってもよいでしょう。生活者は日々の衣食住を自分自身が会社と言う公器の中での仕事を通じて得る仕事に対する報酬から賄います。

「公私混同」とは〝公器〟における個人の仕事と役割りと、生活者である個人とを混同することです。

公私の分別と経営者の蓄財は会社の力

公器であるべき会社の経営は個人である会社＝公器の〝長〟として責を負うわけですから、杓子定規に明確に分けること、と断ずるつもりはありません。

むしろ、私個人は、企業経営はキレイごとではない、借入をおこしても銀行は個人保証をとり、担保をつけ、事ある徴候があれば個人の預金口座も押さえてきます。銀行は一面、経営者にとっては高見の見物者にすぎない金融業です。だから、「法に違反しない限り合法的にできるだけ個人資産を殖やしておかないと、」とアドバイスします。これを会社を守るべき立場にある個人のための〝よい公私混同〟ですと話します。どのような理由があるにしても、犯罪を犯さずとも、経営に失敗し、全てを失くすのは悪であり愚です。

カネの流れは血液

街中でも、しばらく通らない通りや空地を見ますと、あーここに在った工場がなくなっている、この通りに当地一流の老舗文房具店があったのに……無い、あの名物職人さんがつくった美味しい和菓子屋さん、江戸中期からのお店なのに……。伝聞によると、K銀行、O信金の差し押えにあった、とのこと。なぜそこまで経営の失敗を引きずるのか……理解不能です。

会社の経営が立ち行かなくなる理由には多くの要因・要素が混在しています。要素とは、後継者自身の生活が見栄体裁で虚飾にまみれていた、お客さん＝市場が変わっている現実から目をそむけていた……等一つひとつ異なります。しかし最後は一様に同じ原因で、資金繰りが困窮し日々のヒト、モノの賄いにさえ困ってきていた、要するに「金がない」の一言に尽きます。

金融機関も、会社、店に出入する外交営業担当も含め、貸出先としての常識的なアドバイス、提案をしてきているはずです。

取引先のアドバイス・支援を聞き入れることなく、ダラダラズルズルと根本的な問題を直視することなく漫然と今までやってこられたのだからと、安易に〝惰性と安住のヌルマ湯〟に浸り切り現実から逃避していただけです。

通販が隆盛を極めてきて、顧客がすべてそこに流れてしまっている、安い物にしかお客さんの目がいかない。ウチのように「丈夫だから」と言っても値が張る商品に目を向けてくれない……。しかし、そんな経営者の足下を見れば、仕事と家族のケジメのないダラシない甘い関係。メリハリのない公私混同がのぞくのです。根源は過去にあぐらをかいた惰性とマンネリです。

例えば、経費のかからない無店舗販売を、と考えて社長自身がネット販売に関わっても、他の競合ライバルの〈商品量・アイテム、価格・品揃え・納期・センス・実用性〉に勝る強み・優位点を示せなければただ単に、ムダな在庫や顧客対応に時間と金を費すだけになってしまう。

会社の器は社長の器と品性

誰もが知る情報ややり方、例えば、他社と同じ仕入先であったり商品なら、独自性が生まれることはない。

他力依存で他との差別化ができなければ、残ることはありません。ネット店舗の出店は、ビジネスする上でシンドイ仕入・集客・販促をネット運営会社に依存しているのだから……。ＦＣビジネスも本質は同じ。加えて、有店舗でもビジネス上の信用〈納期を守る、整理・整頓・清潔・安全を保つ、対面・電話応待がしっかりできる〉ことなくしてビジネス（利益が上る）は成り立たない。

社員は事務所の電話番、お店の商品さえ知らないレベルの担当者……で人材はいない、カネはない新しいことを考え工夫するだけの知恵はない、視野狭く視点は低い……そんなヒトしか集まらない、残っていない、その原因の多くは経営者自身に夢もなく先述した公私混同で嫌気がさして、人が集まらない、居つかない、ところから始まっています。

ある会社で社長が店長の朝礼で、「数字を上げることができない人はいつ辞めてもらっても構わない、身内だけで何とかやっていける」と公言したとのこと。

本音はそうであっても決して口にしてはならないこと。公私混同と言うよりは、常識やマナーに無知で、〝人〟に対する感性の乏しさ、人としての基本、マネジメントの基本を知らなすぎる。芳しくない業績にイラ立つのは解りますが、あまりの器の小ささと短絡さ、理性・知性のなさに呆れます。無防備な本音で、みすみす社員のヤル気を失くさす人はその辺りにもいます。本音で家族だけで会社経営できると思っているのか？　それにしても信じられない強がりです。「ありがとう、共に頼むよ」の一言の効果は絶大なのに……。「会社の器と中味は社長の器と中味」、至言です。経営に対する甘い考え方は、経営のあり方、考え方に表われ、すべてを負の連鎖に追いやります。

経営者は、回り舞台に立つ役者のように四方八方から見られています。精一杯、自分の仕事を愉しむことです。そのためにも仕事をする仲間として、明るく振舞い自分自身を愉しくあれるようにもっていかなくては。山（会社）が小さくても大きくても山は山。山の周りには上に立つ人の一挙手一投足を冷静に眺めている人がいます。（社員・お客さん・取引先）

その3、目的は究極『会社が続く』こと

会社は機能で動き、機能は組織で、組織は〝人〟

「共存共栄」「双方のウィンウィン」は強者が弱者に投げかける甘い言葉。そうありたいのですが、本音はその時々の「ゼロサム＝強い方が勝つ」が基本でしょう。

豊かさには、物的豊かさと心的豊かさがありますが、どのような美しい言葉を使っても、日々の衣・食・住が定まらずして「幸せ」はありません。

世の中、結局カネだと断じては品も理も徳も語るに及びません。しかし現実に私達の経済生活では、価値の有無を、経済的価値＝カネを尺度に推し測り、判断するのが基本的な尺度です。

価値の存在は、それが物的な代償であれ心的満足であれ、すべてではありませんが、モノの価値の象徴であるカネが価値満足の度合いを表わします。

自由主義経済体制下であれば、ヒトとしての自由〈言論・信教・思想の自由と人間としての平等〉とそのための民主主義（人民が主権の立法・司法・行政分離独立運用）が現実にならなければ人治全体主義に陥ります。

無法の〝ファシズム的拝金主義〟、そこには人としての心の開放はあり得ません。

私の自宅近くにある大学のゼミで台湾からの留学生2人が民主施政下での台湾総統選挙の話をしました。それに対して中国からの学生は「選挙？　投票？　権利？」と首をかしげるばかり。決して呆気ぶっているのではありません。デジタル技術で国民をコントロールする国のあり様と、教育のこわさ、便利さに心寒くなりました。

儲けの大きさは価値の大きさ

国家と企業を同一視はできません。民主主義に基づく法に則った自由主義経済社会にあってこそ、自由競争原理に基づく企業活動があります。そこでの企業活動は売上＝顧客満足を得るための活動＝経営であり、マネジメントの結果が利益です。

では利益は何のために、誰のために、上げるのですか？

利益を得る源は、企業が提供する価値を認めてくれる生活者の一人ひとりです。生活者が価値を認めた証明は企業の提供する商品であり、サービスにあります。

そうです。生活者（消費者）の支持イコール〝売上〟なのです。効率的にヒト・モノ・カネを用いての社会への価値提供は〝売上〟により証明されます。

効率的な費用の使い方をしなければ〝利益〟として残りません。コスト・パフォーマンスとは、かけた費用に対していかに有効な使い方をしたかがマネジメントなのです。

マネジメントとは「利益を生み出すためのヒト・モノ・カネの効率的な働きをコントロールすること」です。

自由主義社会経済の仕組みの中で活動する企業には、平等かつ公平な企業経営環境が与えられています。

収益構造改善のヒントはP／Lに見える

自社の経営情況を見るなら、自社の損益計算書の〈売上から営業利益への流れ〉を知ることにより〈収益構造〉から打つべき手は見えてきます。

その場合のポイントは売上＝顧客の数と頻度・範囲を調べ、分析することから始まります。要するに、収益構造を見るために効率分析は必要ですが、その基盤は売上を上げる、と言うことです。

企業の存在価値とは何でしょうか。顧客にとってなくてはならないモノ・サービスは、自社の何なのか、それは商品そのもの、品質、品揃え機能……⁉　また、存在価値と言うからには、今日・明日だけではなく、この先、わが社が存在し続けるための基盤もまた、現在の〝売上〟にこそある、と言えます。

図表1　会社価値とマネジメント価値

No	会社の価値	会社直接価値	管理会計価値
1	社会貢献	顧客満足額	売上
2	対外役立ち	△　変動経費	△　原材料
3	対内報酬の素		△　変動費
4	独自の商品力	付加価値	限界利益
5	中・短期的 戦う力	△〈固定費〉 人に関わる 設備に関わる 金利	△　人件費 △　償却費 △　金利 △　その他経費
6	長期的戦う力	△〈戦略的固定費〉 ボーナス人件費 設備投資用	
7	存在の証し	現在・将来の礎	利益

しかし、予測のつかない明日ではなく、目先に見える時代の変化を無視していては生きていけません。ここで市場展望、即ちマーケティング的展望イコール見えない明日への市場予測が必要になります。これが高い視点、広い視野を経験に基づく〝先見性〟です。

統計的予測や〝マーケティング〟は、まるで占い師のカードのように考えますが、明日の市場の動向は必ず今、どこかに兆候が顕われているはずです。

例えば、ここ数年経済政策として卸売物価の2％上昇が盛んに喧伝されています。

人口減少、若年者層の減少、老齢化が著しい、就業者の2層化、正社員・非正規社員の断層比率が同水準になり（非正規の人が全体の1／2）、所得分配の2極化が全体の賃金水準を下げデフレが進行する……。当然生活困窮者が増える。

耐久消費財（住宅・自動車・家具・大型家電等）の売上が芳しくない。衣料品も手軽で安価な必需品以外の購買が減少している。また、実需がなく、救済目的の現金バラ撒きや財政のバランスを失くすと札束を刷るだけでは強烈なハイパーインフレを招く可能性も……。このような経営環境下、10年先どころか、3年後のありように確たる予測がつくだろうか。「わかりません」が大半の人の実感であり、ただ目先の好・不況現象に右往左往しているにすぎません。ハイパーインフレとなれば、百円のモノが千円に、一万円になるのですから、南米のある国のように、リュックサックに札をつめてパンを買いに行くのです。日本も第二次世界大戦後はそうでした。

今でも家の押し入れに束にして積まれていた戦時国債を思い出します。

しかし、企業は残らなければなりません。生き残らなければなりません。たとえどのような困難があろうと企業の使命は「結果として、会社が存続すること」なのですから……。

その4、ビジョンの全社共有と意思統一

「思いは一つ」が会社の力

物心共に豊かであるために多くの人が自分の人生をかけて共にあり、全社共有すべき「将来展望＝希望・目標」の存在は不可欠です。

会社は、日々営々と続かなければなりませんが、「わが社はどの方向へどのようにして、いつ、どこへ行くのか」「そのために目標を定め、どの方法で進むべきか」を整理し、示さなければヤル気社員づくりの糧にはなりません。

具体的に〝目的地〟を設計し定められなければ、メンバーの心に熱い志を吹きこむことはできません。

「ビジョンなき経営」は、目標のない意思なき成り行き委かせの無責任経営です。

人生は思うようにいかない、会社も思い描く先に達することが容易でないからこそテーマを絞り、衆知を集めるのです。

テーマは、「このような会社にしよう、世の中の動きがこう言う中で予測され得る環境下、わが社のあるべき姿は？」です。

人も企業も明日のわが身は解らない、だからこそ備えあれば憂いなし、とまでは言わずとも企業としての存在価値を常に確認し、向かうべき方向を明確にしておかなければなりません。

勘定科目すべてが会社の資源・価値を表わす

図表1で示すように、No.7の〝利益〟こそが会社継続の基盤であり、その蓄積が財務力です。しかし、一番肝心な〝源〟は、あくまでもNo.1の〝売上〟にあります。No.2、3、5、6共に社内外の経営資源使い分け・工夫の余地は多い。〝売上〟は、〈数×頻度〉に分解することで、その増加への工夫結果です。理由は、「売上とは〝お客様の満足度〟だから」です。会社は（No.2～6）に関わる〝すべての人が役割を果たすこと〟で社会における存在の証明に関わることができます。

会社存続の基盤は、「会社の経営目的＝〝存続〟にある」とは先にも述べました。もちろん、儲けてこそ、です。

家族だけで運営していくのなら、勤勉篤実であることだけで「商いは真面目にコツコツ」と牛のヨダレの如く、細く長～く、ボツボツ、ボチボチただただ真面目だけでもそれなりに続いていきます。

株式会社、有限会社と法に則った形式様式が、会社＝運命共同体であるための要件ではありません。会社の社会的責任とはもちろん「ビジネスを通じて、社会・人に役立つ商品・サービスを必要な時に必要なだけ求めに応じて価値を提供すること」です。

大切なことは、価値提供する社員にとって会社は誇りと使命感を実感できる舞台でなければならないと言うこと。社員にとっての会社は生活の糧である衣食住を賄う所であり、さらに重要なことは、「会社の抱く将来展望＝ビジョン」が社員一人ひとりにとって、ビジネスライフで実現したい思い＝夢と共にあることです。

会社としてのビジョンを共有できることは会社を構成する人の仕事に対する意欲を高め、結果として効率を高めかつ全体に反映させることができれば、無形の〝わが社の力〟に昇華します。

企業の力とは究極「人間一人ひとりの力の集約」なのです。会社の将来ビジョンとは、正に一人ひとりが全体となっていくための精神的基盤であり「あそこに向かう！」ための現状突破力でもあります。

その時の核（コア）はもちろん経営トップです。企業規模に関係なく会社のすべて〈業績・市場対応力・変革力・人材育成レベル・事業構想と構造・先見性と行動力〉は経営トップの〈視点・視野・判断・決断・行動力〉にかかっています。

イノベーション（技術革新）の力の源は経営トップの資質と環境づくりによりますが、所詮一人は一人です。

人のマネジメントは会社成長の礎

例えば日本電産の創業者永守氏のワンマンは、企業の吸収合併により手中にしてきた会社の経営を吸収した会社の人材登用によってこそ実現できています。トップの仕事は、「人その人を見る目」「その人の仕事を見極める眼力」そして何よりもトップ自身の企業経営に対する強烈な哲学、それもごく自然な言葉として発信される言葉・言霊（ことだま）の一つひとつではないでしょうか。日立、パナソニック、オムロン、ローム、京セラ、ムラタ、ニンテンドー、島津……の創業者、中興の祖に共通する要素です。

一方、アメリカの電気自動車テスラ社のＣ・Ｅ・Ｏ、イーロン・マスクには、「創業者の考え方を体現し、工場を運営できる人がいない」「経営者自身が現場を信用していない」と言われていました（『ハーバードの日本人論』〈中央公論新社〉181ページ）。

しかし、時価総額でトヨタ・ワーゲン・ダイムラーの計を凌駕した今（２０２１年４月３日現在）言えることは、どの企業も創業当初は経営者自身が仕事のすべてに目を光らせる過程を経て、人に委せ組織化してこその成長です。一度も黒字がなかったのが２０２０年

12月の通期決算では初めての黒字（750億円）を計上（2021年1月）。

このような例は、私達が日頃目にする中小・零細企業では数多く散見される現実です。

中小・零細である内は、トップダウンの組織体制こそがより効率的な意思決定の速さと実践成果に直結するマネジメントです。だから、「人材の育成ができない」「社員の士気が上らない」「経営者自身が現場の仕事に手一杯で、大きな視野・視点に欠けてしまう」のです。その結果、企業としての成長機会を見過ごしてしまいます。

その5、哲学・考え方、理念・思いがすべての始まり

実践への力は「納得」、納得への力は「理解」

企業規模の大小に関わらず、企業にとってモノづくり、ヒトづくり、結果としての業績成果のすべてが経営者のありよう、考え方によります。

企業経営には一瞬の油断も許されません。業績が少しよいぐらいで有頂天になるなんてとんでもない。ビジネス・ゲームではなく日々時々刻々の真剣勝負であってこそ組織は組織として機能します。

どんな時代であっても天与の環境に順応し、結果を出さなければなりません。人がよくても、ビジネスに結果が伴わなければ悪人であるのが経営者への評価です。

昨日・今日・明日、ゆるぎなき自分の熱く堅い信念の下、徹底的に仕事に生きる。仕事とは結果を出すことであり、その結果が社員の物心両面の豊かさに直結する。

経営者の仕事の一つは悩むこと。臆病であること。慎重であること……。そんな経営者は仕事やヒトに対する感性・感受性は豊かで、とても慎重です。しかし共通するのは「果断であること」と「視野広く、視点高いこと」です。経営者に限らず、人が生きていく上でいつ・どんな時も判断・決断・実践のステップがあります。判断する前は、「選ぶ」があります。どの段階であっても〝迷う〟ものです。

そのような時にフッと思い及ぶのが「見えないものへの〝畏（おそ）れ〟と〝支え〟ではないでしょうか。

信仰心とまではいかなくても、ほとんどの家庭にあるのは神棚であり仏壇です。日本人の生活習慣化した中での神仏ですが見えないものへの畏れと感謝は、会社にとっても大きな精神的支えになります。

その理由は、

第一、「神仏の教えは、自然の恵み、先人報恩の念、職場環境の浄化、人を大切にすることにつながる」

第二、「社員の安全、職場の安全、お客様への安心に結びつく」

第三、「社員間の信頼関係と連帯感につながる」

第四、「お客様・取引先・社員との関わりを通じてのお役立ちが利益につながることを実感する」

にあります。

第一から第四の理由が経営者としてのあり方・企業としての存在価値を示してくれると同時に「企業がすべてである経営者にとって」の生きる哲学、経営哲学、イコール「経営理念」として魂（ソウル）の言葉が文章化されます。（注・哲学ということばの意味は「考え方・生き方を追求する」を意味し、使っています。京セラの稲盛氏はフィロソフィーと表現しますが同じ意味です）

多くの創業者は裸一貫でスタートアップし、また、先代から引き継いだ経営者にとって辛く苦しい時にたびたび祈り、手を合わせるしかない時を経なかった人は皆無です。「何のために、誰のために、なぜ、今の立場にあるのか」と自問自答することのなかった経営者は居ないでしょう。

ある会社で素晴しく美しい音律の中国・唐代杜甫の漢詩が会社案内にあります。一見すると虚無とロマンを思わすような言葉。社長は、「この漢詩とは偶然、出会い頭に感じましたが、私の想いにこの詩が合い、社名になりました」と。「求める人」にとって言葉は、人と同様に〝縁〟であり出会いなのです。（「国破れて山河あり……」、人生その時々の心情が表われている）

〝理念＝魂〟は経営者の生きざまとあり方を言葉に

どこかの誰かの言葉をどこで聞いてきたのか、他社の借りものをそのまま自社のものとするいいかげんさは困ります。

「会社の歴史○○年、自分が担当して30年を越えて、会社と私自身の年齢がつくり醸し出す仕事観・人生観は今の私の生きざまです」が経営の根本。

例えば清掃の話です。「明窓浄机（めいそうじょうき）」と言う言葉はまず自分の仕事をする時は、自分自身の心と共に仕事環境を整え、清潔にすることから始まる、の意味です。

40年も前、消費者金融の幹部研修をした折の話です。代表者が「借り手のお客さんの身だしなみ、自宅の玄関の整理・整頓がその人の人間性を表わす。乱れた身なりや生活環境からは約束を果たす（＝借りたお金を返す）ことは考えられない」と話していました。京・山科にある〝一灯園〟（思想家・宗教家である西田天香さんがつくった奉仕団体）では「自然にかなう生活を通じて生かされる意義を知る」との共同生活をする。その第一の修業は周辺地域の清掃活動です。ここで学ぶ経営者は少なくありません。

パナソニックの創業者松下幸之助さんは、神道・真言宗・天理教での教えを支えに、京セラの稲盛さんは生長の家、臨済宗・禅を学び、出家僧侶に。人の心や宗教の世界に数理的に割り切れる結論はありません。

親鸞が開いた浄土真宗には明治時代に活躍した清沢満之（きよざわまんし）がいます。その言は「神仏がいて信心があるのではなく、信心があってこそ神・仏がある」と信じることの主体性を説いたのです。他人に言われて信じるのではなく、求め求め、悩み悩み、苦しみ抜いた果てに、企業経営者は自ら信ずるべき対象にいきあたるのです。

蒋経国と共に無血革命を果たし、台湾で初めて普通選挙を実施した師・李登輝元総統は「自宅近くの観音山の頂きに立ち、国家の運命を左右する決断は『最後は、私一人切りなのだ、イエスキリストの加護を信じよう』であった」、と話しておられました（台北での会見時の話）。

今まで経験したことのない未知の世界に何かを為そうとただ一人ある時、自分自身を律する目には見えない心の支えが欲しい、規範が欲しい。支えはすがる縁（よすが）です。「求める」からこそのよすがあっての勇気であり、力なのでしょう。

組織の大小、グループ・団体と種別が何であっても、リーダーの持つべき本質的な基軸とその核は何か。

前記の李登輝先生は言われます、「人間として〈誠実〉〈正直〉であること」の上に資質と能力で決まる、と。

創業者オーナー・創業から引き継いだ二代目、三代目にとっても「会社は命」です。してきたこと、見てきたことのすべてが命をかけ身を削ってきたことの結果が今です。

正に「経営理念」は魂の叫びであり、自らへの励ましです。会社を支える一人ひとりにまず理解され、納得され、行動に移される時の支えとなり行動基準になります。それは、魂、言霊であり、勇気と希望を与えてくれる生命なのでしょう。

「経営を継ぐ」ことは思いを継ぐことであり、「思い」は考え方につながり、次の創造への礎に。

その6、社風づくりは『反復連打』

やり続けることが「習慣」に、習慣を「土壌・社風」に

社長自身の基本動作実践が社員にとっての励ましであり、力になります。

時流に乗り急速に拡大した会社が創業者の引退後、僅か5年で急坂を転げ落ちていきます。万能の創業者が偉大である（ように自他共に思ってしまう）から急速に拡大し、また、多少の悪化現象も本能的カンと度胸で盛り返すことのできる力のすべてでした。

しかし、何でも知る・解るからこそ、その偉大さが因（仇）となり崩れていくのも現実です。

基本動作（整理・整頓・清掃・清潔・躾・挨拶・身だしなみ・報告・連絡・相談・安全・衛生・段取り・計画・納期・確認……日常生活のすべて）ができている、と言うことは、そこから産み出される商品・サービスの安心度が高い、と思わせ推測させる根拠であり証（あか）しです。

経営担当する人達がダラシない風体であれば、何もかもを想像させられます（モノ・サービスの悪さ、モノ・カネ・ヒトのいいかげんさ……）。

私が長年コンサルを担当してきた中でも特に顕著な業績を上げ続けている会社は、この

〝当たり前のこと＝日常的基本動作〟が経営の基盤になっています。業績の良い会社は大小を問わず〈商品企画・生産・サービス・営業〉に基本動作の実践がしっかりできています。今さら、この〝当たり前のこと〟など誰一人口にしなくてもよいし、〈安全〉なんて壁面に大書きしなくてもよい。

ＩＳＯは企業や組織活動を管理するために、品質＝ＩＳＯ９０００から広がりました。業務を標準化し仕事の手順をマニュアル化、誰がいつ作り出しても商品・サービスの品質安定化を実現しょうと意図するもの。「決まった事をやったか」を審査により評価し、「創意工夫」は対象ではありません。多くの会社では外部審査に通るために、審査前に慌てて審査項目の事後資料を作成するケースが未だに少なくありません。

顧客自身が取引先とは言え、他社内業務を直接チェックするのも煩雑で、ＩＳＯ認証が自社内への有事理由にもなると言うわけ。〈ＰＤＣＡ〉が大きな意味をもちますが、〈ＰＤＣＡ〉が如何に難しいか、審査する人が理解しているのか、と疑念もちます（３章７、202ページ参考）。

先述した「基本動作（当り前のこと）」をマネジメント・サイクル〈Ｇ↓Ｐ↓Ｄ↓Ｃ↓Ａ〉に組み合わせ、確実に実行する会社にすることが、基本を大切にする会社の社風づくりなのです。ＩＳＯの認証成果があるのは、「ＩＳＯに定められているから実施する」のではなくＩＳＯの要件を満たすことを越えて「自社の水準を上げる」ことに意味があるのです。それができない・やろうとしないのでは全く意味がありません。一番の原因は、責任者であるべき人がたいていは自分は何もせずに部下にやらせているからです。

自戒を込めて、形骸化した仕組みは経営に役立つことはありません。外から審査してもらわないと社内が動かないと嘆かれる方、社内を動かすのが責任者の仕事ですよ。

業界、業績の違いはあっても、大手と言われる会社はとっくの昔に独自のシステムか別のシビアな仕組みを導入しています。

実践・継続の基盤は社長に

繰り返します。どのようなシステムを入れるにしても、社長自身が「人として、リーダーとしての基本を実践している」のが大前提です。

「企業価値を高める」とは会社の持つ事業の価値が社会的に認知され、その結果、金額で表わし高めることを意味します。要するに〝儲ける〟ことなのですが、儲け続けるためには、経営の基盤として「当たり前のこと＝基本」がしっかり土台として固まっていることが不可欠。それを〝会社の文化〟とします。〝文化〟は音楽・文学絵画のことを指すのではなく、文字通り、文化(カルチャー)は、アグリカルチャー、即ち農業、「日々営々と飽きることなくヤリ続ける」ことで農業が成り立つことを意味する、に通じます。

基本動作の実践は〝理念（ベースは考え方）〟にあり

前項5で述べましたが「経営理念」は創業者自身の魂の叫びであり、自らへの檄文です。創業者自身や中興の祖（立て直した人）と呼ばれる人自身が美しい言葉で言い慣わしたのではなく、その人達を知る後継者が創業者の想いや行動を大切に思い次代に引き継ぐために成文化したものです。

熱い思い、不断の追求心、果敢な挑戦心を言葉で表現します。その思いは全社に意思統一する〝こころ〟として「理解」され、行動に移すための力「納得」にまで昇華しなければなりません。

正に経営理念は「言霊（ことだま）」です。納得して「わかった」域に達してこそ「実践」への力になります。

いくら「わかった」と思っていても、それが現実の行動として表われなければ何の価値もありません。

現にある会社では「理念」を〝愛〟とし、「愛は信頼から生まれ、信頼は挨拶にはじまり一つひとつの基本動作の実践で育まれ社風になる」としていました。

この理念はとても理解しやすく、共につくった創業者にとっても価値基準でもありましたが、二代目に代替わりして数年後、業績が悪化していくと、全くの形式的な飾りに劣化してしまいました。朝礼時に読む理念が空読み呪文では淋しすぎます。

声に出さない言葉は身に入らず、声と体で表現しない挨拶も3Sも安全も相報連も社風・風土にはなりません。

その7、「組織の命はコミュニケーション」

創造力は気持の通い合いから

信頼の2文字が心を通わす泉となり、人と人との間に、厳しくも温かい風をつくります。

企業経営の目的はただ一つ「儲けること、会社を継続させること」に尽きます。組織は、経営目的を実現し続けるための仕事の分担と責任の所在を表わすにすぎません。要するに〝目的〟のための手段として組織がある訳ですから、仕事を分担する人同志の関係は各々の仕事を遂行する上で対等でなければなりません。組織にある人共通の考え方と行動の「価値判断基準は儲かるか否か」、〝目的〟のために相手のメンツや忖度は一切不要です。時として組織上不可欠な「権威」を人としての尊厳とみなす知性・理性水準には呆れます。

会社の経営責任は社長です。部門の責任者が担当セクションの責任を持つ長であっても全社に波及する問題の結果責任は社長にあるのです。

だから、組織の〈機能＝はたらき〉が円滑であるために人と人との間には内容のある、中身と生身の人としての意思疎通がとても重要です。人と人ですから合う、合わない、好き嫌いがあることは否定しません。しかし、一番重要な点は「信頼関係」にあります。

「信頼」とは何か？「信頼」とは人間臭さを越えた、プロ（その仕事、その道に生きる）としての自負心と使命感こそが互いを認め、許し合え、支え合う関係にまで昇華することではないでしょうか。当たり前のことを当たり前にやり切ることです。

意思の通い合いが組織を活かす

コミュニケーションの基盤は、人として信頼するに足りる行動をとることにあります。一つのテーマを採り上げ究めていこうとする仕事、例えば分野を問わず研究者を例に考えます。世の中の人々のあらゆる仕事は決して一人では不可能です。大学の研究者であっても学生に接する職で禄を食む人は、〈学生に教える教学〉、〈自身の専門分野での研究活動〉、〈その前提に立ち、組織人としての仕事を通じて組織を活性化する〉という三つの役割があります。

しかし、学生に対してテキスト（他人の著書）を恥ずかしげもなく、ただ読み上げる人、それを「学問の自立と自由」を楯に、誰もチェック評価、指導しない。これでは教員自身も組織も成長・進歩しません。お役立ち感と使命感そしてプロ意識の欠如なのです。〝民間〟とは異なり、官の組織は一たんつくられると腐敗が始まります。仕事の内容は、〝守〟であり〝創〟ではありませんから「決まっていることを守るのが仕事」になります。クリエイティブでありたい人には、合わない仕事のためにガマンはできないでしょう。

組織の中の働き（機能）は対等です、機能（はたらき）を果たすとの意味では。〝機能対等〟の意味を誤解してはなりません。代替がきかない機能は経営者です。企業で言えば、社長〈トップマネジメント担当〉の機能と責任は、その役割の第一は、会社として短期（一年）的には利益を上げること。

長期的には〝企業の維持・継続に直結する、市場開発、商品づくり、企画から実践に至る最終意思決定、経営人材の育成導入、結果に至る過程であるチェック、修正……。

収益情況を把握し、財務上の資金バランスの舵とりを組織としてスーパーマン的バランス能力が必要です。これは従業員が千や万を越えても同じ。今もって大企業の社長には総務（今は企画と称する会社が多い）畑が多いのですが自身の〝専門〟をもち、視点の高い人がふさわしい。足らない処はカバーできる人材がいるのですから。

中小企業なら、例えば、社員数100人、1000人を越えるレベルの業容であっても社長自身が組織と一体になり、販売、生産、物流、社員のあり方を見ながら、資金構造、収益構造とその変化を把握し、必要なジャッジをしなければなりません。

これには大変な精神的肉体的負担を強いられます。だからと言って社長自身が不得意な分野は他の人に委すにしても、すべてを丸投げすることはあまりにも無責任で危険です。だから、経営トップが現場で担当長に、あれこれとうるさく聞き、一喜一憂するのは当たり前であり、これは経営者にとって必要不可欠な〝コミュニケーション〟です。

担当部門長と他の部長、部長↕課長、マネージャー↕メンバー、部長と現場メンバー、縦横無尽に張られた情報網は経営のコミュニケーションネットワークです。

驚くほど現場の実情を知っている経営トップは、通常のトップダウン組織の下では決して入らないナマの情報を握っており、先見性の基になります。

トップが腐れば会社が腐る

何万人何千人もの社員を抱える大企業でも、トップ人事を個人的な利害関係者と思われる3人、5人、時には1人で決定してしまうことも少なくなく、自分にとって都合のよい人を選ぶのも自然の成り行きかもしれません。

民間とは言え半官半民、社会のインフラ体制をつくり保持する責務を負う電力会社では汚職まみれの意地汚さ。

この時代、新卒入社し、年功序列の仕組みと組織で育ち、サラリーマンとして同質・均質の仲間の中から無難な人がトップとしてリードできる時代ではない。日本社会全体を蝕んでいる「自発的隷従（2020・5・19日経21面での言葉）」、自分にとって損か得かを先に考え、不正・不実を知りながら従うという社会です。

企業には、顧客の支持を得なければ潰れるという絶対的基準、公務員には文字通り、パブリック・サーバントとしての役割と責任です。

不祥事を起こした経営トップ2人の減給分をこっそり補填していたとか、悪事を働く相手から数億の供応を受けていたとか、本当に情けない品性のカケラもない破廉恥な出来ごと。産業・生活を支えるために、厳冬、酷暑、昼夜を問わず現場を支える人たちとは別世界の人たち。

きっと「前任も受け取ったのだから、私達も当たり前だ……」「君も来ているか、貰っとけよ、俺もそうするから……」とのコミュニケーションは頻繁だったのでしょう。

どこまで性根が腐っているのか……。中国の若者にとって就職第一志望は官僚になることです。理由は官僚・公務員なら表向きは低廉サラリーであっても組織のすべてに賄賂は行き届き、必ず分配にあずかれるから……なのです。

台湾の著名な経営者（私の台湾時代の先輩です）が工場建設の案件で、中国・吉林省担当行政長に会うだけで５００万円を求められました。長には２００万、残りの３００万を窓口担当から担当係にまで、役職割の分配がされると知り、進出を断念。

汚職摘発キャンペーン真っ最中の話で騒がれている時でもあり、驚きました。

経営トップ自身は自分の目と耳で事実を確認し、情報を共有、会社としての経営計画策定時の基盤をつくっておかねばなりません。

その８、「補佐道に生きる人」は会社の要

トップ以上の器量、能力ある人を充てる

「補佐」とは人を助けてその人の仕事を全うさせることです。

江戸時代商家の使用人最高の地位であり、店の経営はもちろん家政全般も見るのが「番頭」。

ここで言う補佐人とは番頭同様、経営上の実務責任者です。ビジネスを守り、攻めそのための日常的なマネジメント全般を担当し文字通り経営トップの頭（ブレーン）であり具体的に全社を指揮コントロールする、手であり足であり目であり、耳であり時として頭脳としての仕事をします。

通常は社長の分身であり、手足でもある立場です。

私にとって初めてのコンサル会社社内研修会で「補佐人道」という時代がかったことばを聞きそれからしばらくして、専務自身が番頭＝補佐人道を歩む人だと理解しました。

社長はコンサルタント業界では日本での草分けでしたが、日常の仕事の中で社長の存在を意識したことは全くありませんでした。

とにかく日常のヒト・カネ・モノ（商品）は全て専務の仕事、

例えば私自身と身辺では、

（1）時間厳守／あらゆる会議を主宰し予定時間経過で話を切る専務のイライラ顔

（2）腹が立てば即／誰かが大きな声で怒鳴られている、と見れば声の主は専務

（3）必要な書類がなければ／総務部長が小走り、と見れば先に専務の顔が

（4）朝一突然の指示／本部長が机の前でせかせか動く、と思えば報告は専務に

（5）粘っこく合理的説得／必要人事は一度断られても2度目の説得も専務が

(6)ニコニコ笑って脅す／社長同席の会議も机を叩く音は専務の
(7)社員の家族には／慰安旅行で聴かす気味悪い微笑で歌う、はるみ節は専務か
(8)ゴマすり部下はお見通し／私が東北支社長の「忠実な部下になって」の言に抵抗すると「バカの犬になるな、本社に帰ってこい」の一言3秒、相手は専務

このように、日常のマネジメントの全てを専務が仕切り、連日の出張業務をこなしながら月2回発行する機関誌2本の原稿、書籍執筆は誰よりも早い。

なるほど、これがこの会社のやり方で社長と専務＝経営補佐人の関係か、と思いました。決して社長と専務の関係はよくはなく、双方とも互いがいない場ではチクリチクリと嫌味の言い合い。

頭も肚も、器も品性もはるかに社長が優れもの。しかし、この2人があってこそのあの時代でした。

どこから誰が見ても2人の関係は三蔵法師と孫悟空。法師の考えの中から走り廻っても所詮お釈迦さんの手のひらの上、地の果てか、と思っても……。あれだけ言いたい放題やりたい放題に見えても社長の分身として専務は自分の立場役割を知り、会社を「公」とすべく社名を社長の苗字の漢字をカタカナ化しました。

専務無くして継続はなかったでしょう。

汚れ役ではありませんが本来の性分もあり、仕事と組織のために「嫌われ役」に徹していました。私が台湾事務所の要員だったのか、目をかけてくれていました。

私のような若輩でも入社3日目から連日の出張です。機関誌の原稿は執筆を断るか遅らせば次から依頼が来ません。先輩が断る横から「部長、私でよかったら」と仕事を頂きました。

社長にすれば「社内で専務の好きなようにやらせておけば私は安心」と考えていたのでしょう、信頼し日常の細かいことには目をつむっていました。器だな、とは思いましたが自身がセミナーでは「コンサル業界では身内の後継はあり得ない」と言いながら子息をトップにしました。

息子さんは案外早く次代に代表を譲りましたから、相応のプレッシャーがあったのでしょう。だから今も他人社長が継ぎ、旨くいっているのでしょう。

東北地方の建設会社。ここの専務はいかにも東北人で、真面目で粘り強く、忍耐強く二代目社長を支え続けています。

東北の震災・津波の甚大な被害で会社の全てを無くした会社で、公共事業、主に撤去復興の仕事では重機・設備・建屋・資材から人(労働力)手配按配、宿舎建設・衣食住手配、リース契約、本当にあらゆることと、併せて設計から始まる工程管理・進捗管理・工事現場管理とマネジメント、気も狂わんばかりの仕事を全体管理しました。

専務は所謂サムライ。現場でも安全管理・品質管理にはとてもシビアです。「我々は、永い間、歴史に残る仕事を通じて、友や家族に通じるお役立ちの仕事をしているのです」「一つひとつ、丁寧に慌てず気を抜かず安全に」と日々の口癖にしていました。

セミナー好きで、耳学問とお付き合いで不在がちの社長をカバーしている日々ですが相変わらず、

(1)朝7時出社し挨拶で社員を迎え、季節工さんには軽口をたたき

(2)主宰するミーティングを横目で眺め確認しながら次代の後がまづくり

(3)受注情報、工事進捗情報は社長が出社する10時から確認、打合せ

(4)現場の状況、安全管理、異常事項、段取りチェック、の目視確認

(5)資材置き場の3S目視が厳しく、安全性が見てとれる

(6)宿泊研修では、専務は朝一番会場での6時半からの朝礼に参加し、7時半には会社・現場へ。夜は9時半に会場へ

静かに目で語られると社員は畏怖するようですが、厳しいからこそ尊敬され憧れられている人です。

補佐人（道）とは

（1）社長、会社経営の補佐人としての立場・役割・責任から逸脱することなく一途に全うする生き方。

（2）社長の代行人であり補佐人であり、従業員にとっての鏡、仕事の父親であり師、水先案内人、そして社員にとって将来の自画像・モデル。

（3）次代社長候補、社長の子息には、「会社のため本人のためのＯＪＴ」をシビアにできる唯一の人。

（4）専務自身の後継者づくり、〈指導―実践―フォロー〉を目立たなく日常実践。

（5）トップとのコミュニケーションは必ず実行し、次のステップを説明、相談。

・

あくまで社長との関係における「経営補佐人」です。社長は気ままなエンジニアお坊ちゃん。雪、雨、風関係なく内外の「仕事」を軸にして、社長をカバーし、時に代行して経営執行しなければなりません。

どこの会社も社長一人では何もできません。社長の器が補佐人のありようを決めます。

家族経営の商店でなく、他人である社員を戦力としてもつ限り、「企業は継続しなければならない」のですから。当然、社長は必ず自分の口・耳、そして頭で現場の様子を確認しなければなりません。

そうでないと補佐人は業務執行に困るのです。２人の関係は〝信頼〟あってこそですから。リーダー、経営者に絶対に欠かせない存在は「知恵袋＝側近＝補佐人」です。

その９、人は労働力＝戦力（稼ぎ人）、人は人間（生活人）

封建的〝年功序列〟から〝成果能力序列〟へ

日本の賃金体系は「実力主義」への転換を謳(うた)うが相変わらずの〝年功型賃金〟であり続けています。時折、成果給・能力給の導入が大きく報じられる時があってもせいぜい一部でしかありません。勤続と給料に準じて定められている退職金、勤続年数が計算基準であり、年功序列終身雇用のシンボル。能力のあるものも堕し、仕事ができなくても当人はしているつもりの均質化で企業の力は劣化の一方。

賃金は曖昧で恣意的なサンプリングに準じた数値を基に人事院勧告、とやらでベースを決めそのまま高止まり。また、年金も共済加入者数減少を理由に一般民間の厚生年金機構に入れ意味不明の手当はそのまま……。公務員処遇の実態は度が過ぎる。公に倣い、民もまた報酬の基本は能力ではなく勤務年数です。

考えてみれば勤続年数に基づく年功給に住宅・通勤・家族手当は「労働＝仕事の成果の対価」とは何の関わりもない。

「日本は世界で一番進んだ社会主義国家だ」とよく言われます（中西輝政著『日本人としてこれだけは知っておきたいこと』〈ＰＨＰ研究所〉）。それは経営の核であるヒトの能力評価と代価は平等であっても不公平である、の意でもあるのです。

廉価な個人の医療費負担、福祉充実、社会安全公衆衛生……欧米の街を歩いて、日本の治安・衛生環境のよさを痛感します。先人が築き上げてきた社会的インフラ環境に安住しきっています。金閣寺で中国からの観光客が、「日本の街の清潔さには、緊張します」と話していました。欧米のどこの国に出かけても、日本人のモラルの高さ、公共・公徳心レベルの高い国は他に類がありません。外国の人から見れば日本は夢の国。これがまた、日本社会の狭量と排他意識につながるのですが……。

「稼ぐ力あってこその結果が利益」そのための賃金システムである〝成果能力主義〟に実質移行しなければ企業経営は成り立っていかず、やがて淘汰され、安全・安心の日本のままであるか気がかりです（一人当たりＧＤＰは２０００年の世界2位が２０２０年は30位以下、一人当たり所得も同様の傾向。但し、国としては米・中に続く3位)。ＯＥＣＤ(経済協力開発機構)の統計＝２０１９年労働生産性(ＧＤＰ／就業者数)は加盟36カ国中21位、就業者一人当たり労働生産性(２０１５～２０１８年)上昇率は36カ国中35位(日本生産性本部・〝労働生産性の国際比較２０１９〟)。凋落の原因は職務基準の曖昧さに起因した〈人手不足による雇用拡大〉もあるが企業レベルでは〈年功序列による賃金総額上昇〉が大きい、と思われる。

特に一般経費の中で占める人件費割合は50％以上、限界利益の中で人件費が40～50％越えが通常値なら、ヒトの効率化は大きな経営課題です。

年功重視は経営者の怠慢・社員の甘え

20年前までは右肩上がりの経済環境であったからこそ何十年にもわたって年功型賃金制度を続けています。経営の観点から言えば、本来、利潤を得るための人に対するコストの割合の中で「生活保証割合が活力を生み出すべき能力評価よりも重視される」のは、社内の〝あつれき〟を恐れる無責任経営者(大ていは、有期お勤め人)であるからこそ、であり、経営環境に順応すべきプロ経営者ではありません。そのような経営リーダーの存在で50年も60年も年功重視が続き、ヌルマ湯につかりきり今出せる能力(＝ヤル気)を削ぎ会社としての競争力を失っているのです。
能力発揮できる者もできない者もが「平等であっても不公平」な仕組みとして継続されてきている日本の社会は外国にも例がないのでは？　台湾の大学でも質問されました。「実態、終身雇用と年功賃金制度でよく経営ができますネ」と。

〈例えば〉

「今がこうなら」

″人″を手足として扱っている
″人″を会社存在の基だと考えない
″人″を消耗品＝経費だとして処理する
″人″を「銭もうけの道具」と考えている
″人″の評価は減点主義

「今からはこうだ」！

″人″は考える頭脳であり行動する手足
″人″は意思と能力と可能性のかたまり
″人″は稼ぐ力そのもの
″人″限界のない創造力の源
″人″の「役立ち」評価を力にする

稼ぐ力の″人″だからこそ

日本における所謂″１００均″、１００円ショップは全世界で大人気。シンガポールでも店に長蛇の列、フランス、イギリス、アメリカの西欧でも同じ現象です。ところが何年も何年も100円であり続けるのは日本だけです。アメリカで162円、タイで214円、オーストラリア208円、ブラジル215円、中国153円……と言うことは、物価そのものが長期安定しているし、賃金も、社会福祉も、医療の仕組みの高コストもすべてが競争のない固定停滞化社会になっていることを証明します（2021年3月現在）。

そんな中で世界と戦うべき企業経営はコストの2分の1以上を占める人件費には、生産性基準をあてはめこんだルールが〝思想〟として〝社内のシステム〟として働かなければ生き残っていけません。

〈人は労働力〉〈人は人間〉、この〝人〟の2面性をどうバランスよくシステムとして機能させ続けることができるか……労働人口が減少し続け外国からの人材受け容れが進む中で企業が生き残るために眼前の課題を解消しつつ、片方の目で世界の動き、もう片方ではわが社のあるべき姿と対応策を打たねばなければなりません。

私が企業内教育で新入社員に話すことは、「会社に貸しをつくれ、社外で通用するプロになれ、会社から借りをつくれば自分がみじめです」と。これはヌルマ湯につかりきることなく自分の生きる力をつけよとの意味です。

年功序列の源であろう鎖国・江戸時代・太平の世で、武士が生き残っていくための方法は上役の機嫌をとり、忠誠心を示し、無難であることでした。今、この時代は外からの力との戦いに勝ち残らねばならない。無難・無風・可もなく不可もない環境に甘んじることで自身の成長の芽を摘んではなりません。

能力=成果差中心の報酬制度で甘えの構造を断つ！

「人は労働力=会社の生産力・創造力」「人は生活者であり心を持つ人間である」の二面性を曖昧にしたままでは力のある人は育ちません。

約45年の間、コンサルティングの世界で生きてきて思います、〝能力=成果を上げる〟へ大きく報酬の比重軸を移さなければ人も会社も生き残ってはいけない、と。

①　会社は潰してはならない、しかし潰れるように出来ている。油断ならない、会社経営への〈思い、考え方、やり方〉、併せて経営に対する〝哲学（フィロソフィー）〟が無ければ、会社の継続・発展は望むべくもありません。

②　〝人〟こそが会社を動かす原動力。〝人〟のやる気を引き出すのは、経営者の方針・哲学〈考え方〉に基づく「経営のやり方」「基軸は、『お役立ち=儲ける』であり『人を人として考え〝ヤル気〟が発揮できる目標・場・仕組み』があり運用できること」です。

会社の「人」に対する考え方と処し方は、社長の考え方、人を生かす方策、育てる方法がすべて。

本来の企業人とは、「仕事を通じて企業価値を高めること、即ち、ビジネス上の成果を上げることができる人」です。

ビジネスを通じて、業績に貢献できる人には公平な評価を通じて能力基盤の報酬制度をつくらなければなりません。中小企業だからこそ、自社の方針・制度を明確に打ち出し、実践できます、実践しなければなりません。

成果給につながる評価には、計数的評価と非計数的評価があります。

計数的評価とは評価そのものを点数でつけます。非計数的評価とは数字で表現できない部分を指しますが、例えば、「リーダーは〝結果〟」で評価しますが「〝結果〟と言ってもリーダーの下で共に仕事をする人の意欲を高める項目がある場合、本人の「資質・能力かも知れない」し、「リーダー自身のリードの仕方が問題である場合」もあります。これを数値化することができれば〝非計数的評価〟は無くても合理的に数値化で評価はできる。「果たすべき役割・責任を明確にし、適材適所配置と評価」する〝ジョブ型人事〟。独自のモデルは必要ですが、中小企業なら経験則として、経営者自身がルールに則り、基礎評価することが公正です。それを基に2次評価するのです。

例えば先述の様に「リーダーの評価は成果」だが、「メンバーの評価は成果を出すための〝過程〟にある」からです。

「仕事をする〝過程〟を評価する」ことは、若い人にとっての大きな励みになります。

> 149ページ・３章・図表５「企業人の２面性」、148〜155ページ３章・「４仕事をする力（成果）を主軸に信頼のコミュニケーション」参照。ここでは成果能力給導入の考え方を述べています。

図表２　評価の対象図・イメージ

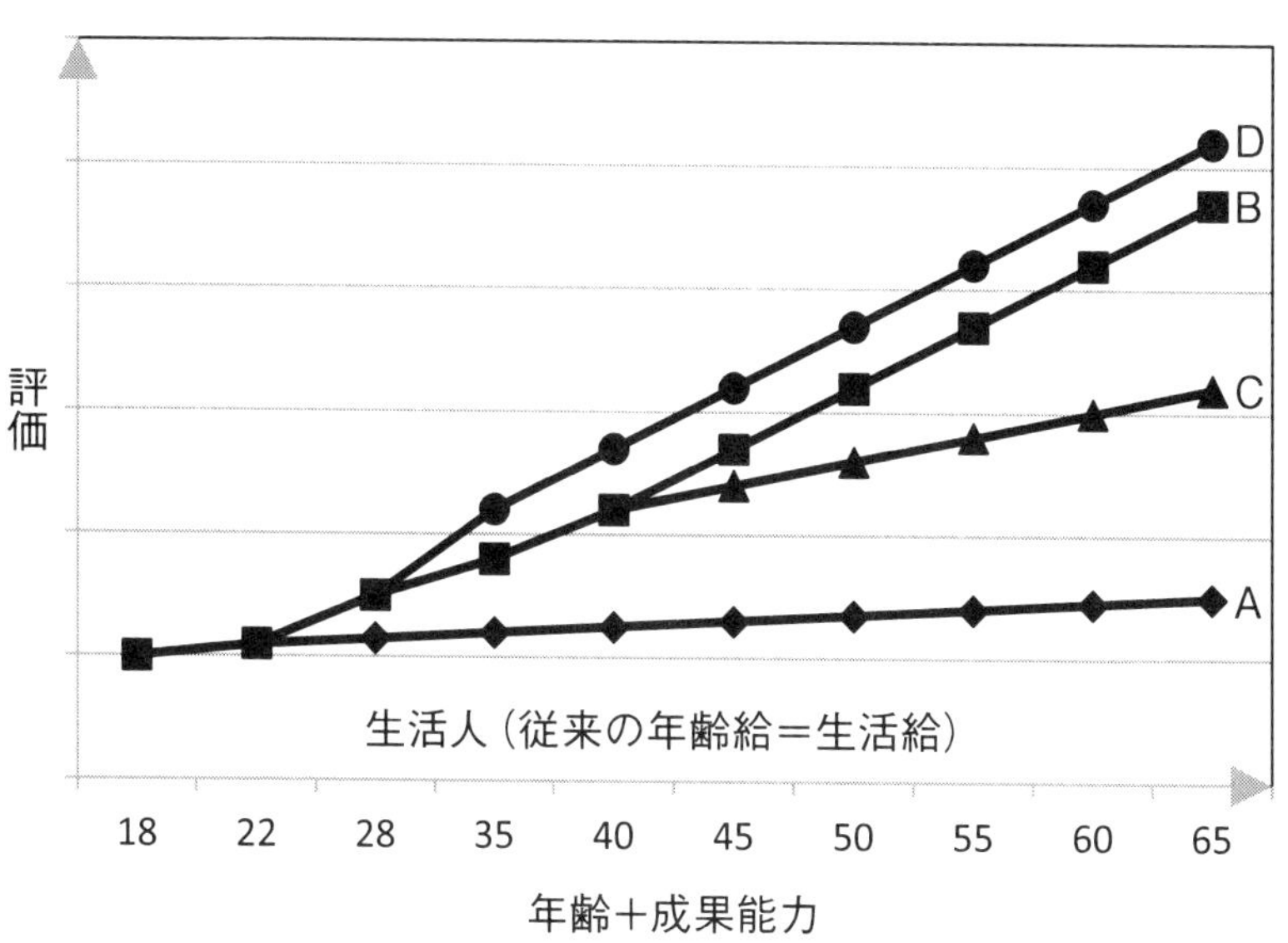

仕事人評価は〈職種・職位・専門性〉により点数差をつける

生活給は〈22～30歳ごろまで一定率で上昇〉

賃金ライン	A＝生活給ライン
〈基準は	B＝かなりの水準で上がるライン
市場評価〉	C＝標準的水準ライン
	D＝大幅高評価のライン

その10、経験（他社）は必須のプロセス

世間を知り『無知の知』の入口へ

学生生活から実社会に出る時期はドップリ漬かった怠惰なままの人もいますが普通は、新生活を前に鋭敏な感覚で未知の世界に入る喜びと不安の入り混じった時です。幼少時から「こう、あるべきだ」的に、朝夕常に厳しく接せられたままでは、依存心強く、寄る辺なく、どこかが歪で、何かがおかしいものです。自らの道を自らが選び新生活を始めるならベスト。

自分自身の立場・環境を知る（解っている）人はどのような経験も自分の糧にします。大切なことは、どのような環境であろうが、自分自身の考えと意識で「生きていく、仕事をして生活の糧を自分の力で得よう」と素直に考え実践することです。そのためのポイントは、「与えられた環境で何でもやってみようと、心に定め、あとは自分の意思に基づき、まず自分で考え行動することです。手探りながらも、一歩前に踏み出さなくては「よいか」「悪いか」「合うか否か」が分かりません。

物ごとを始める時に留意すべきは「先入観」と「凝り固まった価値感」です。この要因

は新しい世界への恐れと勇気の無さ、「他を知らないことによる怖じ気」、そして「甘さ」です。本を読むことから得る知識や新しい世界は心を鍛え豊かにしてくれます。

好奇心は未知への興味や挑戦心から湧き出てきます。たとえ今、具体的に「やりたいこと」が見えなくても、とにかく始めてみること。ヤレばそこで一歩前に進み、未知の世界が広がっていきます。


物心つかない頃から朝となく夕となく食事を摂りながら、理解できない子に経営者の心構えや人としての在り方を教養として、道徳として説き教えるのは決して相手のためではなく躾でもありません。こんなことを続けていますと言われる側は萎縮し、己を喪失してしまうものです。厳しい家庭で育った人にありがちです。

小学生、中学生、高校生、大学生そして社会人と成長するに従い自分の考えをもちます。大学生と教室で共にある時感じることは、「よく考えているな」「しっかりと授業の予習・復習ができてる」と頼もしくも羨ましいことが少くありません。それ位、優秀で真面目な学生が多いのです。きっちりした家庭環境と本人の意識がうかがい知れます。

世の中（世間）は、学問として学んだ理屈通りにはいきません。〈経営＝実践〉につなぐために、現実から逃げずにひたすら「真剣に」「逃げ場つくらず」今、ヤルべきことを実践しながら学ぶことです。

他社にあって、自分のような環境下の人は、何を考え、得ようとしているのか、その中で自分は何を為すべきか、を併せて考え、実践し学ぶことです。同業他社、取引先に採用され実践経験を積み30歳前に辞めて自社に戻るパターンが多いようです。受け容れ先、取引先に迷惑かけないように、との気遣いの中ではあるけれど学び、知ることの多い得がたい無形の財産です。知らないことを知る「無知の知」は勇気と謙虚さにつながります。

他社で学ぶことにより、

① 会社としての体制のありようと問題解決のやり方に一つの基準が持てる
② 「自分ならこうする、あーやるか」経験が自分自身を励まし自信を持たせてくれる
③ 人脈ができる。知人友人同僚の悩み相談を自分事とし、自社ごとに当てはめられる
④ 身近な経営者の日常と言行動の基準を知り、その中からトップ・幹部のあり様の良し悪しを学ぶことができる
⑤ 従業員の立場から先輩、同僚、後輩のあり方を考え、「使われる身」を体験する

そのような他社での経験が気持を楽にしてくれます。相談相手もでき、友人・知人関係

の中から自分自身を冷静に見つめる場になります。

誰でも自分自身が実際に経験したことは、どんな失敗であれ、嬉しかったことであれ、何よりの血肉になります。

世間を知らず荒野の真只中で、左か右か、前か後か、行方を探る時に一体今、何が必要か。何を頼りに方向を定めるのか。その基準は、揺くあっても「自分自身の経験」です。その上で周囲の人の意見を聞き、多くの情報を集める……助けが他社での仕事であり当時の先輩、経営者のあり方・やり方です。恐いことは他社経験がないことにより、先代であるからこそ通じたことが、代替われば通じない自社常識が世間では非常識であることが理解できなくなることです。

〝自分をしっかり持ち〟が大前提ですが。その上で臆することなく判断・決断・行動することです。「無知の知」は〝謙虚〟に通じ、それはまた、〝勇気〟になります。

「他人の飯を食え」とは自分の思い通りならない現実を前に先輩・上司・同僚に気遣いし、他人から見られている自分をコントロールし、ただひたすら慎み、仕事をすることによる大切な学びの場です。

比較基準と覚悟が立場を創る

世間の動きに敏感に反応し、適応できることは生きる術です。そこで芽生える「覚悟」が大きな支えになります。

後継者としての修業に他社で仕事の経験を積むにしても、そこでの与えられた場でそれなりの仕事ができずに父親の会社に戻り経営ができることなどあり得ません。

旧い商店街にある会社3社の息子さんの話。所謂(いわゆる)、一流大卒、都市銀行勤務、3~5年勤務して郷里に帰り実家の小売を引き継いだ。内一社は帰って3年で自己破産し一家行方知れず。もう一社は相変わらず間口2間の店構えで、お客さんが入っているのを見たことがない。また、学校を出て3年、郷里に逃げ帰った人も父親からの店を継ぎ10年余、ライオンズクラブ等の会長を歴任、見苦しいほど羽振りがよかったが時代の変化もあり、数年前に店じまい。

3人とも、当初入った会社は規模も大きく、察するに同期は皆優れものばかりであったはずです。そこで耐える、踏んばることが力になり、次への自信にもなったはず。

なぜ、世間も羨むような経歴をもちながら、実家に戻ってくるのか？　青年らしい「野心」や「ロマン」も無ければ「覚悟」も無い。

子供への接し方、育て方、自身の「やりたいことが解らない」という有為の若者の逃げ場を安易につくれば会社も家も本人も、何よりも社員の依って立つ生活の支えを失くす。そもそも〝覚悟〟の無い者に〝生きる力〟など育まれるはずはない。苦難に立ち向かう熱く強い心をもたねば。それには本人自身の強い思いがすべて。

他の世界を知る人がそこで得た勇気と自信を持ち、後継者候補として入社してくれれば、本人の「覚悟」と「心意気」が大きなビジネスにつながります。逃げた事実は一生自分を追っかけてきます。

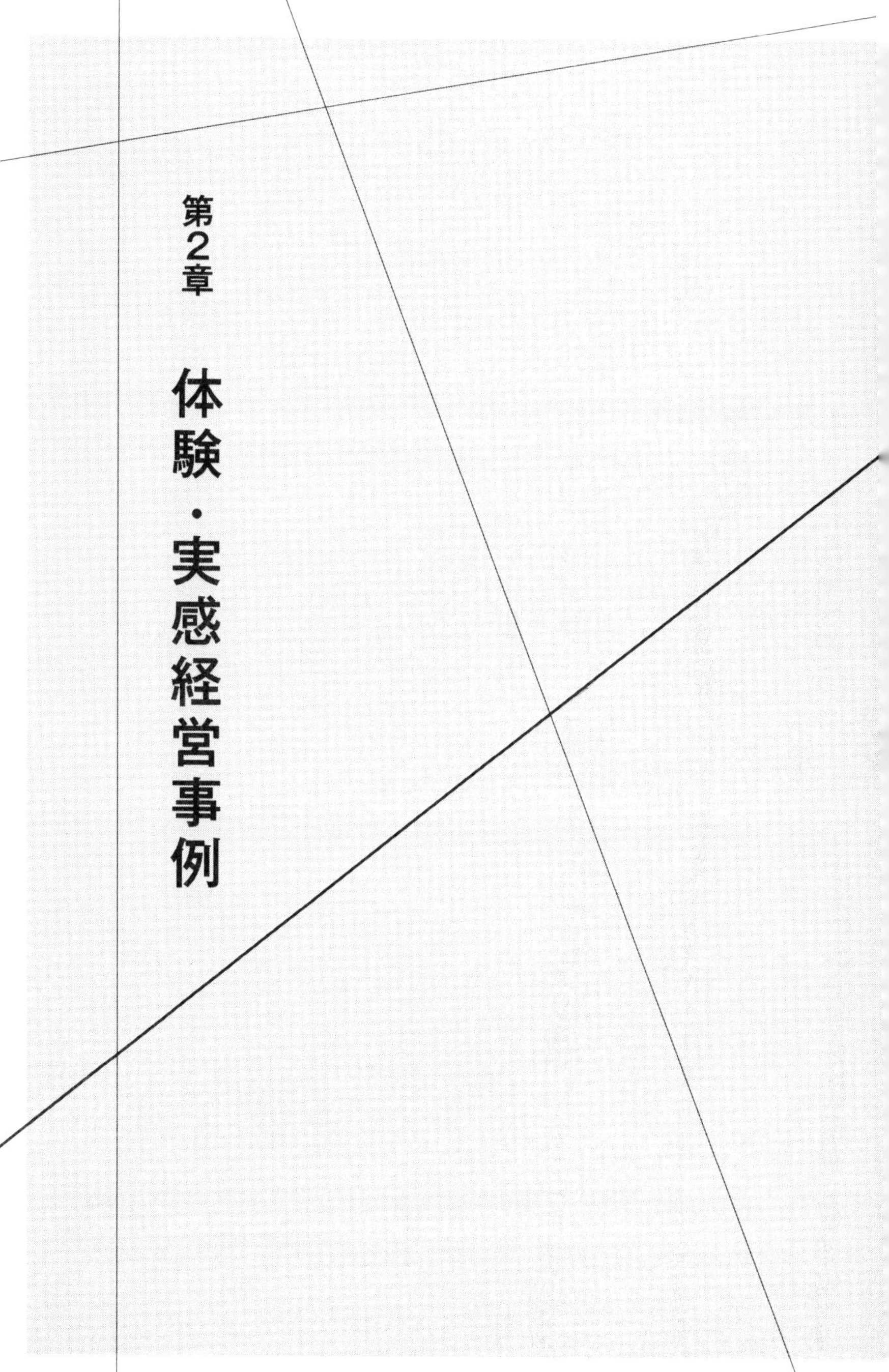

第2章 体験・実感経営事例

〈事例〉

その1 「一寸先は闇、万全のM&Aに陥し穴」

業界　雑貨とニット衣料企画卸と小売・K社
年商　150億、営業利益　3億（推定）
社員　350名（非正規社員含まず）
業務概況　1980年代の最盛期年間売上高300億、2010年あたりまで、営業利益率は対売上高15%、約20年間継続して高業績が続く。

創業者のモットーは「他人の前を走るな、後を半歩遅れでついていけ」「直ぐに売上・利益につながることには即、金を投じよ」「納入先が破産事故を起こす兆を見せれば、真夜中でも即回収に走れ！（売掛金も納入品も）」

性格は「慎重・繊細・臆病・金と異性事案は一切許さない！」

極めて理解しやすい性格＝軸がブレない

（１）礼節を重んじる絶対的なトップとしての存在感

１９７０年代から１９９０年代にかけて、Ｋ社の業績は毎年右肩上がり、正に業界の驚異として業界紙による調査研究事例書籍が何冊も出版されていました。

Ｋ社長の仕事に対する厳しさは徹底していて、考え方の軸がブレない因は、自身の本音であるからこそ。仕事も人間関係もマナー（礼儀）がすべての基本にあり、と自らが実践し、社風化していました。

心からそう思っているからで、考え方と行動に一貫性があり社員にとって、とても理解しやすく、安心できる言動でした。その様な人を経営トップに頂く組織は一枚岩ですから一人ひとりの社員の力が想外のエネルギーになります。普通の会話の中から社長が何気なく口にした一言をアレンジし、研修でとても使い易い言葉にした理念、「魂（ソウル）の理念」は、現実の経営にとてもうまく実践に活用できていました。

チームワーク、組織力、この文言、「魂（ソウル）の理念・信頼」は日常の仕事で汎用性があり、よく使われました。それは、当たり前のことを実践することであるからです。

Ｋ社長の言動が私の仕事の価値基準となり、どれだけ教育研修がしやすかったことか。どんな時も「仕事を支える考え方とやり方の基本こそがクライアントとの信頼関係の礎ていました。

だ」と信じ研修成果を上げることが私の仕事人としてのプライドだ、と社員共々熱く燃え

（2）「後継を決める時とやり方」が次代のあり様と盛衰を決める

K社長70歳時、会社の将来、所有と経営のあり方を決める節目が到来。

その時機に至るまで銀行・取引先を通じて次代候補とやり方・情報に関する話も多くあったと聞きます。

あれこれ、いろいろな人の話や社長自身の思いもあり都市銀行系のファンド大手に過半数の株式譲渡しM＆Aに応ずる形での後継人材に目星がつき一安心。

拒否権を持つ創業者の存在は過半数に至らない持株比率であっても大株主としての立場が、K社長の社員に対する思い、「ファンドと新社長の手前勝手にはさせないよ、オーナー家が会社を、経営を見守っているよ」との意思表示でもあったはず。

ファンド会社への譲渡は、①オーナー家は会社資産保有（固定資産管理会社）②無借金会社の売却（営業権売却）、その次に③物言う株主の創業家として社員のことも考えての結果、30％の株式保有でした。会社の重要案件決定時は全く無力だが……。

創業以来、社員の創業者と会社に対する忠誠心（ロイヤリティー）は利への聡さと鋭さを

併せ、明確な価値基準がある言動に畏敬の念で溢れ、「神格視」されていました。

しかし、代替わりし創業者から外部からの二代目社長になり5年、社員の士気は、業績の急激な悪化に伴い徐々にそして重なるリストラによって一気に堕ちていきます。

① 社員の士気を維持継続するためにも経営陣に子飼いのプロパー幹部の登用が必要でしたが、売却の流れの中で肝心の稼ぐ現場に手を取られ、生え抜き幹部の経営中枢への登用をしなかった。

② 創業者である前社長はファンド社を立て、会社の行く先・ビジョン策定と方針までは、確認しなかった。長い間の取引先であるファンド会社の知名度と出向する人達の組織の中で磨かれたそつの無さに、プロパー幹部を見る目が曇ってしまったのでは。

③ 察するに、経営上大きな判断、決断するための意思決定は、実質的にファンドからの出向者間による合議でなかったのか。そのことを因の一つとして一般の社員からも「出向者は何も知らない、現場で何もできない」と出向者に疑念を持ってきたことも。

④ 過半の株式を外部に譲ったことと粘り強い性格の創業者が持病で一気に気力・体力を失い、さらに病を得て、張りつめていた心の糸が切れてしまった。これは最大の要因です。

(3) ファンド出向5人組の存在

話は前後しますが……、K社長が退任し、大手ファンド社から出向扱いでT氏が二代目社長として着任、T氏をトップにファンド社からの5人組は「総務・財務・経理・人事・物流」の担当長として席を占めます。

着任し、約2年間は様子見期間なのか全国の店舗を廻り、また実質は観光旅行気分で中国への発注先に出かけたり、日々を現場の長(リーダー)との面談で費し、夕刻からはまた、出向者同期や生え抜き幹部との面談名目のコミュニケーション酒場直行。

飲むコミュニケーション文化に呆れましたが、ファンド社出身のT社長が「ファンド社の社員の半分は遊んでいます」と話していたのは、こういった人達のことだったのです。有能な人たちだと見受けましたが、何かフワフワしていました。

当初はファンド社人材を受け容れる側の社員は大手金融機関から来た人達に対しては、一種、畏敬の目を注ぎ、大手金融企業グループに入ったことにプライドさえ口にしていました。全社員が生え抜きであるだけに、本当に純粋一途な人ばかりです。

体裁だけで中味(実用性のある)のない仕事と意識の違い、醜さ卑しさは、その気で観察すれば日常生活の端々で気づきます。

社員からすれば「会社業績が悪くてファンドグループに入った訳ではない、好業績を上げているわが社に何故こんな人達が……」の思いです。

業界を取り囲む競争環境が少しずつ変化し、そして急激に業績が悪化してくると社員と5人組の感情の行き違いは、仕事のやり方、進め方や価値観、そして具体的なサラリーレベルの差の大きさにまで不平不満が重なっていきます。

このような時にこそ、T新社長の出番で、〝方向づけ、考え方と建て直す術〟に衆知を集め、判断し組織に〝力〟を入れなければなりません。しかし、現場第一と言いながらもファンドからの出向者と営業責任者に意見を聞くばかり。辛い仕事（例えば賃借料の値下げやパートさんの出勤止めのような）の判断は生え抜き幹部委せとのこと。経営判断はファンド出身者の意見を聞くだけで肝心のプロパー幹部との信頼関係が築けていなかったのです。

ファンド会社からの出向者人数は増加し、すでにファンド会社を退職したご老人までも採用する……。この人達への人件費もすべて自分達が負担していることに社員は心穏やかでいられるはずもありません。T社長に問うと、「精一杯、ファンド本社に出向を断っているのですが……」と。

業績が下降局面にある時、出向してきた総務担当者が数字上の問題を現場のリーダーに指摘し、また、別の経営会議の場で全役員陣の前でまた、詰問しました。

プロパーである事業部長「経営は結果、結果は数字で表われます。数字を上げるために、川上にさかのぼり、その原因を一生懸命に考えているのです。そこまで言われるのなら、私達にも判るような具体的提案、指示をして下さい」と静かに、肚の底から、語尾に力を込めた低い声で言い放ちました。

「そうか」と言わんばかりにT社長はファンド社出向者に事業部を任せますが、当然1年目から惨憺たる結果。世間がますます〈安価・丈夫〉な商品を求めだす風潮に輪をかけて業績は急坂を転げ落ちていきます。後はお定まりのやり方です、組織を改める、ヒトを入れ替える、見当違いの物流システムの変更と投資……。この時ほど経営者の的外れ施策に呆れたことはありません。多分、出向者たちの意見が経営判断の軸なのでしょう。

経営は結果であり結果とは〝数字〟です。しかし、数字は現場での血の滲むような思いと実践から生み出されるのですから、数字の字面を把えるだけで何を言っても相手（現場）は納得してはくれません。価値観の共有を前提とした一体感がないのです。

ある大手食品会社で目にした経営会議でのこと

総務部長が発した言葉は今も忘れられません。

数字の上がらない支店長に対して厳しい言葉と態度で叱責しました。会議終了後、自室に呼び入れ、話しています。「私の言葉は私個人のものではない。私の立場と責任が言わせているのだ。解ってほしい。仕事とはそう言うものではないのか……。歯を食いしばるその時と立場が自分を大きくしてくれるんだよ。悔しさをバネにしてほしい」。

このような熱い言葉が通じるのは、リーダーと個人との間に一体感と共感性が無私のこころとして通い合っているからです。支店長の目に涙が、部長の隣の私にも熱さが伝わっていました。

(4) 創業者逝去後から今日までの変化と多難さに社員は……

「雑貨とニット衣料は、世界が平和であってこその産業だ」これは創業者の口ぐせでした。リーマン・ショック(2008年)以来のデフレ状況は今も続き、〈廉価・丈夫・短納期〉商品は、耐久消費財(自動車、家電、電化商品等)、一般消費財(衣料品、食品、雑貨……)のすべてに及んでいます。そのような経営環境下、モノは売れない、人口減少、雇用不安定、非正規社員の増加が全体の可処分所得を下げ続けている結果、全体の実態需要は減少。

当然、K社も他の企業同様に売上は漸減傾向から急坂を転げるような様相下にあります。ファンド会社グループ入りした時には、売上高250億近く、営業利益は20億が今や10

分の1程度に落ちてきました。最盛時には金融機関から「借入金をつくってほしい」と言われ、金利0・2％、当時は、そのまま預金にしても6・5％（年）で運用したのですから、つくづく「業績は経営の力」「お金はあるところに集まるものだ」と実感したものです。

1990年初頭とは異なる現今の経済環境です。人員整理を一次二次三次、そしてまた今、退職金積み増しを条件で働き盛りの40歳以上対象の希望退職募集です。ファンド会社から来た二代目T社長はファンド会社本社の指示・転勤でK社を退任、その後任者が決った段階でファンド会社は会社を他のファンド会社F社に早技転売。

社員にとっては、全く知らない会社に2度目の身売り、聞いたこともない未知の会社に転売され新社長もまた、知らない人に交代。

そしてさらに、コロナショックによる店舗の休業と消費者離れ。

創業時から誇り高くモノづくり、ヒトづくりの原点とされてきた〝経営理念〟は、魂の抜けた空文として、掲額されています。

〈再建への方途〉

創業者の思いを基に、生え抜き幹部と中堅若手が一体となり、基軸（考え方とやり方）を持てば経営母体が変わってしまった今でも、自社不動産がなく〝身軽〟だからこそできることがあります。しかし、肝心の人材と〝心〟を失っては……。

株主（ファンド社）が経営を知り、会社のために（＝社員のために、株主のために）発言する意思と能力があり、実践できておれば状況は違っていたはず。創業者の薫陶を受けた熱い思いを抱く生え抜きの有能の士が５人10人はおられましたから。

〈教訓〉

1、中途半端な業界プロは素人よりも始末が悪い。生え抜き人材が核でなければ、過半数の株式が持つ威力は経営のすべてに及ぶ怖さを実感します。

2、後継人材に生え抜きの補佐人（昔なら大・中・小番頭）を付けてサポートする体制は不可欠。少なくとも３～５年間は新社長を核にプロパー幹部で、業績推移に多少の減少傾向はあってもおしなべて順調であったのですから。

3、営業会社であり有形資産はありませんが、利益を上げ続けておれば、身軽でＣ／Ｆは健全であろうし、今を耐え業績を上げ第二創業期として輝くことのできる人材と組織でもありました。しかし、玄人風の素人集団が生え抜き社員の士気を損ないました。

4、その他

①　創業者オーナーや中興の祖と言われるようなオーナー型経営者企業の後継者に調整

型サラリーマン出身の人には不適格な人が多い。大企業の社員は日々の仕事の中で末端のお客さんと接することは少なく、公務員に似て考え方が根本的に違うのです。もちろんそうでない人も多いのですが。また、「組織」で動くと言ってもリーダーには、専門分野とも違う全方位感と胆力が要ります。

② その上で衆知独裁型基本の個から始まる組織に進化しなければならないことを実感します。結果論かもしれませんが、「会社の将来像をデザインし、実行すべき組織体制と人材の適材適所の核は生え抜き幹部が中心」であるべき。私は今でも、同業他社がどうあれ、K社だけは立直ってほしい、との思いです。

私見

カネでカネのビジネスをするファンド社と人から人へモノ・サービスを提供することで成り立つビジネスは異質です。その後の景況変化に伴う急激な業績の悪化は人心を失くすような人事と数次の人員削減に。M&Aの内容は千差万別ですが、売買したのは無形資産・営業権（のれん）であり、借入を起こす際に不可欠な建物等の資産が無いのです。日々の営業活動からの売上金と手形、受手・支手の回転差、現有の現預金で固定費が賄えなければ固定費（主に人件費と効率の悪い店舗や設備）削減しか策は無し。のれん代（営業権）なんて、儲かっていてこその価値です。

カネビジネスのプロ、ファンド社の読みの無さ（無知）と経営の甘さ……。社員にとっては残酷な仕儀です。

打つ手なく人員削減・売場縮小にしか活路を見いだせなかった２代目社長は、人としての常識をわきまえ見識を備えたジェントルマン。「現場と業界を知るプロパー幹部と共に、〝経営の原点＝信頼〟を基本に現状認識をし、向かうべき先を意思統一しておれば、と思いますが、共に出向してきた仲間との話に重きを置いたのでしょう。有期お勤め人社長の性（さが）〝均質発想と話し合い体質〟から抜けきれなかったのです。

M＆Aは、後継者不在、能力に疑義があると判断すれば会社存続のための有効な手段です。高付加価値開発力、財務内容が優れ、社内に有能人材があれば、の条件ですが。

この判断は、その時の絶対的権者、社長にしかできません。

その2 「『うまくて、やすいレストラン』が不動産借金で火ダルマ」

業界　レストラン・直営展開　G社
年商　35億、営業利益　△1．5億（最終期）
規模　地域限定北関東一帯20店舗
社員　正社員150名　非正規200名
業務概況　創業者は国道沿いに「そばの立食店」を開き5年で3軒目のオープン。創業者夫婦二人で切り盛りし、長男が中学卒業と同時に入社したと同時に法人を設立。

県南地方に〝うどん・そば・すし・和食・洋食〟併合店を次々に立ち上げ、最盛期には、40店舗にまで拡大。

（1）素朴な創業者と会社の原点

計算はできないが「カンと度胸」一つ。出店採算根拠は銀行の審査を通るか否かが基準の粉飾数字であり、現実離れ。経理担当者、社長の実姉が〝出店採算計画書〟を作っていた。

だから、法人設立当初から決算書は黒字であっても資金繰りは楽でなく、常に月商の10～12ヶ月分の借入残がありました。当時は景況も右肩上りで店舗用の土地値上りが担保力になり、土地購入→借入金→開業の繰り返しで拡大していきました。現金商売ですから次々と新店オープンすれば資金繰りは廻っていきます。

創業者はＧ社長の父である会長。創業以来厨房用の白い半長靴で出勤、仕事をし、退社していく毎日で、田舎のおじいさんそのものの出で立ち、その姿は素朴で真っ正直な人柄を全身で表わしていました。レストラン展開する過程で、あれよあれよと規模拡大する会社を「もうついていけません。会社が心配だけど大丈夫かな？」と心配していましたが会長もまた、夢見心地のようだった。道路沿いの空地。夫婦二人で小さなうどん屋を開き、コツコツと地道に働いた日々を思い出しておられました。

当時は時代の変化に伴い経済の発展は著しく、借金をしてでも不動産を買わなければ損だとの風潮に乗った人や会社は少なくありません。会長は「時代についていけないよ」と言いながらも不安げでしたが、土地＝有限の高価値資産、それが普通でした。

１９８０年代も、すぐに消えるであろうバブル（泡）とは思いもよらない経済成長は、長期間持続。コンサルの仕事も多く、何もかも、どこも誰もが浮かれてエキサイティングな日々であったように思います。

（2）成長・発展の影にひそむ、油断と言う大敵はトップ自身にあり

首都圏内に入る県南西に進出するにつれて、立地確保が重要な出店の可否基準になります。

不動産物件であれば進出店付近に住み、事情に詳しい町の不動産屋さんの出番。当時は土地転売で稼ぐ町の土地情報屋さんと会う時間が優先し、経営会議は月1回も開けなかった、とか。その時代（土地バブル＝高度成長期の経験がある人）に生きた人は、たいてい似た様な体験をしています。

―資産の3分割とは〈土地・株式・預金〉と言われ、イの一番に〝土地〟が挙った時代でした―

バブルの真最中には、店舗開発の度に付近の商圏調査をすることもなく、同業者の有無

きました。

と人の入りを目視で確かめるぐらいで次々と持ち込まれる物件情報に耳を傾け、決めてい

県・市の関わる物件（例えば、公共施設内のレストラン）にはイの一番に手を挙げ応じて

いました。また、世界遺産地域の史跡近くにも「水がよい」とのことで日本酒醸造と販売所を併設。

アメリカ西部の広大な土地購入話がありました。カーレースの競技場とのふれこみです。

当時、親族がアメリカ留学中で「レーサーの学校設立に敷地の現物出資してほしい」との話。社長と専務が現地を見て後に土地勘がある、と言うコンサルタントに検分して貰い購入を決断、直ちに契約前金数億円の支払い。

３ケ月後契約段階で不動産サギであったことが判明しましたが手の打ちようがなかったのです。

土地勘は無い、専門知識はゼロ、英語は全くダメ、契約書は弁護士が作成しましたが、取引内容を聞き（売主代理人と買主双方から聞いて）作成しただけだから、作成料のみ払ったと言う。

「何だ、これは……相手がどこの誰で内容の確認は誰が通訳し、翻訳したのか、確認したのか……？」と聞いた口が塞らなかった。

アメリカ現地で調査した日本の大手コンサル会社の人は、「私はマーケティング調査の資料に供するために赴きました。そこで学校の土地価格、利用頻度予測、料金の相場を調べに行ったっただけ」と相手にしてくれない、と社長は言うのです。「調査費用、交通費用の数千万円と契約前金と合せて5億円はどこかに消えました」と情けない表情。

この時点で会社の借入金は年商に近づいており、危険水域を通り越していました。

何の勉強にもならない無為で無駄で空しい一件。

したたかな町の不動産屋さんから見れば、物件情報を聞く時の社長の表情はゲームで遊ぶ子供のように目がキラキラ輝く子供のように見えたことでしょう。時代がよかっただけの〝成功体験〟真只中では、経営の情況も自分の愚かさにも、厳しいアドバイス・諫言は耳に入らず……。

この一件の1年後に、営業部長氏が何年も続けて自動券売機から千万単位を抜き取る犯罪も発覚……。

（3）戦い済んで朝の来ない日がくる……

店舗の拡大と共に効率の悪い不採算店が50％にも。

現金商売で恐いのは、仕入、利息、人件費に借入金返済が何とか出来ている間は資金繰りは廻っていくものです。人件費・金利と返済金が払えておれば金繰りはつきます。

しかし、日々の損益につじつまが合わなければ所詮は綱渡りの一時しのぎにすぎません。5年間の損益状況と今の資金繰りを推移で検分すると、対銀行用（2重帳簿）の決算ですら、プラス・マイナス・ゼロの状況。

簡易キャッシュフローで見ても〝償却費〟を経費計上せず、やっとクロと言う粉飾状態です。

本当に厳しい経営状態であるのに危機感乏しく、社長自身や一族の名ばかりの役員に相変わらず報酬を払い続け、10年続けて社員への年末ボーナスは寸志（金一封）。

経営の第一線現場である店舗や半チルド商品を生産し、店に配達する工場では社員、パートさんは本当にけなげで真面目に一つひとつの仕事を丁寧にしています。従業員さんは純真で一生懸命に決まったことを決められたようにやり続けてくれます。

それを当たり前のように思っているのが、現場を知らない浮わついた性根フワフワの芯の無い経営者です。

仕事とはお客様に喜んでいただく商品とサービスの代価としていただくこと。そのために一つひとつの作業に手を抜かずにやるべき一つひとつ仕事に誠心誠意取り組むことです。

経営者自身がその思いを何よりも大切にし、現場の人に感謝と範を示すことがなければ、会社は足下から崩れていきます。

社長の弟さんも会社のナンバー２として主に商品開発、店舗開発を担当していました。時間的余裕もあり、対外活動も会社として必要であったことから、ロータリークラブ、地元商工会議所のトップを引き受けていました。しかし、折しも経営状態が思わしくない時でもあり会社として「断ってほしい」との意を伝えたところ退社。社長のシマリの無い経営がナンバー２である専務をも甘やかしていました。

よくあることですが、業績が悪化したり先代逝去時はもめますが、骨肉の争いほど醜いことはありません。

兄である社長とその下にあるこの人とは日常的に大きな声でのいさかいが絶えず、誰も「経営についての話だ」とは思わず、次元の低い兄弟喧嘩としてしか見ていません。

立場の異なる他人の社員の前で、とんでもない人達です。

（４）そして３年……

常務（社長の姉さん）から「直ぐに来て下さい」との聞き慣れた電話です。

意外と明るい声ではありましたが、「資金繰りに困窮し、返済ができなくなりました。何をどうすればよいか、教えて下さい」との事。新年度の試算表のＰ／Ｌを一瞥して状況を推定できます。
「他社の出店もあり、自店への集客と売上がジリ貧です」「とにかく金利が高いのです。せめて市中の金利並みにしてもらえればその分だけ利益が出るのです」「赤字店が３分の2になっています。店長クラス10名をライバル社に引き抜かれました」「店舗減少に伴い工場の稼働時間が減って不効率です」

時が時、事が事であるだけに断れず旧知の支店に出向きます。まず金利低減のために社長の子息と共に銀行支店長と面談しました。返事は「貸付金の焦げつきを考えての高金利です。ご推察の通りです。根本的な経営の話のようですから本店につなぎます」との答え。

社長・子息には「ここまで来れば、肚をわって腹蔵無く銀行と折衝をして下さい。とりあえずは公約資金の導入時に必要な書類を揃えることを考えて、県・銀行の双方と関わる会計士か税理士を紹介して貰って下さい」と抜本的に手をつけるべき項目・相手・留意点を白板で確認し、メモにし、残しました。

最終的には年商を上廻る借入金の内70％を銀行が放棄貸倒償却し（10年間３・５％の金利を払っていた）、従来からの主要取引先が30％を肩替りし返済。社長と子息３人は先に退社。社長の住宅は際立つ豪邸ですが、こんなモノ、元々無用の長物と思えば不要ですが、銀行が取立て、今はゴーストハウス化しているそうです。

ホテル・フォーシーズンブランド好みだった社長のお姉さんも、「よかったよかった、あれだけ明るい人だから、見栄・体裁のつきものが落ちたようにマイペースで明るく元気であるだろう」と想像しています。

息子さん達3人は、共々まだ若い！　大丈夫、頑張って生きていけます。「一生にする苦労・愉悦決算はつじつまが合う」と言います。足下を見て、確実な一歩が明日につながる……。「低次元の見栄・体裁・虚栄の苦しさ」「生きていることへの謙虚さとつましく過ごすことのぬくもりこそ感謝・喜び」の原点であることを実感するでしょう。

〈教訓〉

1、本業の柱をさらに強く、継続・刷新・創造する。「日々是新た」「謙虚に今を見つめ、明日を想う一生懸命に」「他人である社員はお客様の伝道師」、今現在の仕事を何よりも誰よりも大切に思う。

2、見栄は所詮虚飾、旧くから華僑はカネが無い時はあるよう見せる。金が貯まればボロ家がよい、と言ったらしい。虚飾にまみれるのは「自分自身に中味がなく自信がないから強く見せよう、見てほしい」のです。ツマらないこと、品と理性の欠片もない。

これを破廉恥と称する。頑張りと踏んばりのための虚栄でなければ。

3、経営にとって赤字は悪。お客様＝市場に支持されていない証しです。熟考を重ねてのビジネスなら、スタートアップした瞬間からどんなことをしてでも利益を上げなければならない。初めが甘ければ最後まで甘い。

4、左前になれば、その時から、世間の評価・態度は変わります。借入金が返せなければ、有形無形の資産や信用を根こそぎ持っていきます。ビジネスだから当然でしょう。

5、社長（親）が子女の全員を自分の近くに置くことで子等は皆自らの切り拓くべき可能性を奪われてしまう。家族経営であっても一蓮托生であることは家族にとっての大きなリスクです。

6、「損は損、得は得」。その時その時で計算された「得」をとるのはビジネスの鉄則。部門ごとのP／L管理はとても甘く、グロスでP／Lを見ていましたが聖域の勘定科目コスト（身内取引）は最後まで甘かった。

集客力を付けるためにF・C（ハンバーガー、コーヒー）を活用するのは有効ですが、せいぜい本業のアクセント程度で。

ビジネスの基本は、「汗を流し、知恵を絞り、情熱を傾け、精魂こめて武器（商品・

サービス〉を磨くこと」にしかないのです。小売・サービス業で経営者が超高級外車で店廻りをすること自体、間違っています。

二宮尊徳の言葉と実践は「〝経世済民〟（世を治め人を救う）のためには、大局観をもって〝質素・倹約・正直〟で農村・人を救う」にありました。これは経営思想の根本であり実践指針であろうと実感します（『二宮翁夜話』〈中公新書〉48ページ）。

当たり前ですが「普通に賢くなければ企業経営はできない」のです。

私見

〝経営に徹しきれない経営者〟

父親逝去後長男が社長に。収益を上げるための手だて〈安価×美味×3S×接客〉〈現場第一の原点・幹部全員の現場復帰〉さえ打てず、店舗・空き地を賃貸収入のあてにするだけ。将来像を描くこともままならず、状況は更に悪化。小売・サービス・フーズ業の手元流動比率（月商／手元資金）が1.5～2.0カ月としても天変地異でもあり休業すれば1～2カ月しか持たない体質です。見栄・体裁を振り捨てれば、少なくとも5年前なら立ち直る端緒はありました。理由は「美味くて、廉価で、心安く、楽しい」のが評判でしたから、金融機関との接渉余地もありました。しかし、その前提としての「能力のない子息の退社と、稼働・回転の悪い施設の処分提案」は結局経営者自身、受け入れることができなかった。

しかし、大きな救いは、

①　昔からの大口仕入先が銀行を通じてのM＆Aにより経営権を握ってくれたこと。

②　それにより、店の８割は従来通り営業を続け、雇用が守られた。

③　不相応に思えた調理工場が、買収した会社にとっての経営力に付加された。（本来の食材販路拡大と加工による付加価値が作れる）

これらは、先代の人間としての人柄のよさ、創業者の人徳があってこそ実現できたことです。

中国・易経にもありますが、「積善の家に余慶あり」は会社の形と社員を守りました。

その３「無知からの倒産劇で一族離散」

業界　専用工作機械の製造・販売　Z社
年商　40億、営業利益　３億
規模　本社工場他２ヶ所
社員　２００名
業務概況　１９５０年代創業、以来30年間は連続黒字計上する優良会社

(1) 倒産時の様子

「会社は潰れるように出来ている」「油断とゆるみは身の破滅」「望遠鏡と顕微鏡を併せもて」そんな自戒の言葉を実体験しました。あの時の例えようのない恐ろしさ・身の震える体験はコンサルと言う仕事の原点です。

朝刊一面の見出しに出て社会面では「Z社、30年間連続の黒字！　どうして倒産？」とあるではありませんか。自分ごとであるのに、自分ごとだと言う感覚は全くなく、事実で

あることを確認できたのは当時、在籍をしていた関連会社に出社した時でした。

倒産したのは別法人である本社ですが私達の会社は売上の１００％を本社依存する「完全下請製造会社」。親会社である本社からの支払いが収入のすべて。製品の機械加工と組立加工の工賃仕事で本社とは一身同体でした。

後に心労と体の疲労で気の毒なことになりましたが、本社の担当経理部長には重宝していただいていましたから、遂一、事の次第と前後や内実を伝えていただき、こちらの資金の手当や社員への情報提供に資することができました。

「会社更生法の適用申請」による倒産ですから、弁護士選定も考えなければなりません。本社の担当総務部長は民事裁判に関することも社内統制・マネジメントのすべてに関与しようとはせず申請以来一日たりとも出社してこない有様、本当に驚きました。

当初依頼した弁護士は刑事専門で民事に全くの無知でしたから、選定に一週間を要したり、当時の本社の状況に詳しくはありませんが、とにかく担当経理部長は丸二週間、不眠不休に近い勤務体制にあったようです。

裁判所への提出書類は法定書類のみならず、数字中心の財務状況、損益状況を表わす書類の多いこと！　後に提出書類の複写を見せて貰いましたが、この部長だからこその仕事だと感じ入りました。疲労からくる心臓発作を起こされた時の悔しさは今も忘れることのできない悲しみでした。

債権者集会時に配布する資料を事前に確認した折に、B／S（貸借対照表）集計表の間違いを伝えてとても喜ばれたことを今も嬉しく思い出します。

（2）「会社更生法適用申請」時前後に見聞体験したこと

①倒産の直接的な原因は資金繰り難なのですが、真実はもっと情けない〝無知〟からきています。

誰がどんな入れ知恵をしたのか、社長はじめ、役員である3人の子息が都合のよいように法解釈した結果、「この法律は借入金を棒引きしてくれる」だったのです。本当に情けない話ですが「無知無能無為無策とはこのことを言う」と心底から憤怒の気持が湧き出たものです。

そこに至るお粗末な出来ごとこそが慌てて出した「申請」の真因です。

大都市の工場地帯の真中で、フランスの商品を中心に、欧米、北欧の高級家具小売店をオープン。そのための10階建てビルを新築したことと、思うように売上をとれなく先の見通せない状況になってきたのが、ビル完成、家具小売店舗オープンから僅か5ヶ月目の破綻です。

②また、役員陣や社内の幹部の中には家具業界での経験・知識を持つ人材が一人もいないのです。地元の大手家具店から仕入・販売全般に至る一連の業務のすべてを担当する幹部人材をスカウトしました。

この人にメーカーと問屋からのマージンを搾取されると言う情けない話。社長以下担当役員にはモノが判らないから仕入はすべて黙認。副社長は仕入名目で夫婦フランス旅行。

油と汗にまみれて機械をつくる「機械屋が筋の異なる家具、それも最高級家具（例えば子供用の室内ブランコは国内産３万５０００円がフランス産で12万円）を売る？　それも工場地区の真中で、トラック・重機が道路を地ひびき立てて往来する場所で売れるわけがない！」と全社員が斜に構えて話していましたから。

③人間も会社も王道を堂々と一歩一歩踏みしめて着実に生を営むしかないのです。

適用申請の前日、副社長が電話をかけてきました。何事かと話を聞けば、「私の使っているフェラーリ（当時、時価１５００万）を君の家で預かってくれないか」との話。返事は「副社長、あの車は会社名義なのですよ。隠したところで固定資産台帳に載っています。無駄で恥ずかしいことは考えないで下さい」と。これまた、無知さに呆れ、情けなさに、「これが上司？　副社長？」との思いは見切りをつける端緒となりました。

設計が得意だった専務は、後に会社名義の特許を使った設計図をライバル社に売り渡し、告訴されると言う醜態もありました。社長の甥は営業担当の常務をしていたのですが、倉庫にあった機械を持ち出して売却、これもまた、背任横領沙汰でした。

社長は自宅座敷に床水槽をつくり、緋鯉を放っているとの話を聞き、「恥ずかしくないのか、この人は」と、理性・知性・常識を疑いつつ恥ずかしくてまともに顔を見る気がしなかったものです。

結局、会社更生法適用申請後も会社に残れたのは創業者である社長一人でした。「前社長のZ氏は会社を創った人だから……」との理由です。淋しかったであろうZ氏の心情を思えば今でも胸苦しい思いですが一族たちをそれ相応に育て遇することを誤った社長に帰する因です。

(3) 法律の適用申請・認可3年後、再出発への道

①管財人(更生法適用決定から終結の時までの経営最高責任者のUさん。〝申請〟から〝普通の法人〟への認可があって、代表取締役に就任する)は実に優れて言動共に紳士そのものでした。

世渡り下手に見え、大都市の取締役支店長が銀行員時代の最終キャリアであっただけに人に媚びることのない正論を張る人で俗的に言えば〝出世〟しませんでした。しかし、若輩者を大切にしました。

この方の補佐を担当した銀行からの出向者Oさんがその後50歳で銀行を退社し、大阪・堺で起業されたのです。負けず嫌いで根性があり目も肚もすわった人でした。目を見ると、射すくめられるような鋭さが、心中、私をひそかに奮い立たせてくれました。

更生法適用認可後は本社との取引が正常に戻り、月一度の集金時は、トラックに機械を積み高速道路を〝トラック野郎〟気どりで走ります。

荷卸しは担当の人に任せ、本社事務部に入り、「○○工場から集金に参りました!」と戦場で名のりを上げるが如く挨拶をしますと、「やぁ、いらっしゃい! こちらへおいで」と手招き。喜々として前へ出て挨拶をする間もなく「時局・政局・経済情況はあーだ、こ

うだ」そして中国の毛沢東の暴挙話、その他あれこれで愉しい時がすぎたものです。

②このU社長、着任当時したことの第一は朝7時の出社と玄関の掃除でした。

それが判ったのは、高卒女子新入社員が前日、ガス室のロックを二重にしなかったことを心配して、7時出社したことで、なのです。18歳の女子新入社員から見れば「社長さんが早朝から一人で掃除!?」の思いです。その日から直ぐに拭き掃除を始め出社も7時です。

心がすさみ荒れてくると職場の整理・整頓も清潔さも失われ、機械保守保全がおろそかになり、製品品質にも影響を及ぼします。また労働災害にも関わってきます。U社長が「私ができることはこれぐらいですよ」と行動を始め、それを見た若い人が純粋に「私も一緒に」と思いたった行動が、4月がすぎ5月に入った頃には、誰に言われなくても全社員の一時間早出出社が始まっていました。

U社長は私に、「もうこれでこの会社は大丈夫ですよ。誰も言わなくても自ら動く会社になっていくってこんなにも気持よく、嬉しく愉しいものなんだネ」と話してくれました。

③管財人であったUさんが社長就任前には、弁護士と社内で作成した再建計画に基づき次の事項を実践していきます。（方針決定はUさん、方針策定と実務はすべて補佐人・Oさんの差配）

a．債権者集会で決定した、債権者の70％を占める小口債権者（１００万以下）、その手形保持者には最優先で清算。取締役には、設計・生産・営業の専門家である生え抜き人材が３人入りました。

b．肝心の生産・販売活動体制への移行。これは管財人と大口債権者2社と主な販売先２社の代表者で再建委員会をつくる。（根廻しの後、法的ルールを背景に指名する）

c．資産圧縮のために第一に手をつけたことは、直接の資金ショートの原因であった10階建新築ビルの売却。まだまだ高度成長期で、建築費を上回っての売却でした。

d．生産・営業現場の人事は、ほぼ全員が〝倒産〟前の人ばかりで「何だ、これだけ明確に以前の人事が経営に活きるってネェ」と職場の明るさが目立ちました。結局、退社したのは、創業者一族とファミリー、一部の取り巻きだけでした。一族以外の人は誰一人退社することなく以降の社長はすべて生え抜き人材です。

⑷　そうして、その後と今は

顧客は大手工作メーカー、工務店から大手ハウジングメーカーのプレカット工場へと替っていきました。周知のようにライフスタイルも〈軽・易・廉・安全・便利〉へと大きく転換し、また、住宅・家具を使う生活様式も変化していきます。

切る、削る機能は、刃物から、水や光、繊維へと変わっていき、したがって無人制御器レベルでは追いつかないイノベーションが起こり続けています。

加工対象材料も木材から樹脂、金属、セラミック、機械自体が〈磨く、削る、切る〉から集成材生産システム、物流マシンとシステム、含水測定機、強度検査、等、一品ものの特注対応も増加しています。その後他社と合併し、体制・体質は一変。

社員全員はそのまま雇用が続き、役員の2／3は生え抜きの社員。結局、無知の思惑から倒産という想外の展開で辛い目にあったのは一族のみでした。

新しい時代は、変化した「今」を驚くのではなく、「変化を常として次の時代をクリエイトしていく若い人の時代」です。

〈教訓〉

1、「知らないことを知らない」から傲慢になる。できない、知らないことは独断しない。
2、それも知識としてしか知らない自称専門家は要らない。肩書がつくとその気になる。
3、個人としての情と経営上の能力は異なる。経験上、たいていの身内後継者は小賢い他人に比べて、はるかに使命感・責任感・自己管理に優れる。経験不足は自ら磨く。
4、「社長は身内を頼りにする分、厳しくあってほしい」と社員は見ている。

5、常に勉強、いつでもどこでも〝学び〟の場は自らがつくる。経営セミナー参加は物見遊山の時間潰しではない。知らないことは素直に受け入れることで血肉になる。〝稼ぎの素〟は自分で探す。それが経営者の仕事。

6、「自分の型」を持つ。先人の話、自分自身の経験、そこから派生する〝学び〟が自分なりの「型づくり」につながる。自身はもちろん、自分の足らない点を他人に補完してもらうためにも〝求める〟思いと謙虚さがなければ、ただただ無為に時は過ぎ、必ず反動は自分に返る。

7、少しばかり業績がよい、その時が危うい。油断しない。知らないビジネスに手を出さない。どんなビジネスにも〝カン・コツ・ツボ〟〝タイミング〟がある。

8、多少、お金と心に余裕ができたからと自身のあり様に無節操なぜいたくさが形として出れば謙虚さは失せ品格の欠片すらうかがえなくなる。謙虚でありたい。

「経営のセオリー」と言うよりは「経営の常識」ですが……経営者自身が経験・知見・人間関係をもたない仕事には手を出さないこと。

余談ですが、大型工作機械のパーツを下請けする会社がバンコクの百貨店・フードコートで〝もんじゃ焼店〟を出店。理由は、自分の出身地の名物でやってみたい、とのこと。

タイへの出張時に使う飛行機・宿泊ホテルは超一流、それを月２回、丸二年。本来、中小企業の社長夫人はどこも事務方=経理の担当をしていますから、「やるなら自分のお金でやりなさい」と諭し、止めさすのが普通ですが、反対に「それ位はやらせてあげたい」と。担当税理士も「お止めなさい、バカなことは」と言っていたそうです。こんな〝遊び〟を60歳前にやってはいけません。心労も重なったのか、社長は3年後、夫人は5年後、彼岸に行きました。

平家物語の一節、「栄枯盛衰、盛者必衰の定めなり」を思えば、その人の品性は畏れを知ることで「生きるにつましく謙虚であること」だと思います。くだらない見栄や体裁などただただ空しく、恥ずかしいだけ。

私見

役員の全員が家族で、内弁慶・世間知らず・無知・無策に加えて、気まま。メイン銀行ですら「何の相談もなくなぜ倒産したのか訳が分からない」と。新聞記事も「黒字倒産!なぜ?」との見出し。

倒産10ヶ月前の新ビル竣工パーティーでメインバンク取締役支店長の祝辞「異業種進出に注目しています……」のことばに「おめでとう」の一言はなく、社員もまた、冷ややかでした。ソロバン勘定の定石を外してはならない。

その４「〝馬力〟の創業者と〝理〟で押す他人二代目のハーモニー」

業界　ディスカウントストアの草分けで雑貨・衣料・靴の企画卸・小売　Ｒ社
年商　２０２０年、１８０億、営業利益　11億
規模　本店とローカル店舗　４支店舗と本店店舗、通信販売部門、卸部門
社員　正社員２００名　パート・アルバイトさん３５０名

（１）義務教育中退、母を助け、兄と生きる！

初めて社長とお会いしたのは、私が担当した会社の研修会場でした。会うが早いか「どんな研修ですか、キツイのですか、ナルイのですか、効果はあるのですか？」と、矢継ぎ早の質問攻めです。

性急な性格そのままで無防備な本音が次から次へとほと走ります。私は私で独立して間もない頃ですから自然に勢いこみまくし立てます。

何よりも私を紹介した人が自分の部下に私どものリーダー研修を受けさせているのです

から、R社長にとって他にない説得力です。

その場でR社長自身の生い立ち、今に至る生きざまを語り、その次は自分の夢をとうとうと語られました。

「小学校中退です。母親はもう亡くしましたが、12、13歳で大工の丁稚です。朝は8時から夜も7時までよく動きましたネ」

「17歳の頃、兄が勤めていた洋服や装身具靴用の金具メーカーに転職。そこで機械の操作を習い、3年後独立。工作機械の中古を手に入れ、自分一人で靴用のパーツを作り始め、次に成型機の中古を手に入れて靴のヒール生産。

工場は100坪の土地を都市郊外で手に入れ、機械は10台。ヒールを量産する内にわが社のヒールを使った完成品展示会で見た商品を売ってみたくなりました。工場の空き地で並べてみると、みるみる売れて現金が手に入るのです。嬉しくて嬉しくてたまらなかったのです。朝の10時から道路は大混雑、車は全部お客さん、嬉しかった!」

「材料を仕入れて成型しパーツとしてメーカーに売るよりも自分で完成品を扱ってみたくなりました。友人から借りてきた商品を並べた時のキャッチフレーズは『製造直売です!よい商品が安い! 安い! とにかく安い!』のただ一点のみ。機械置き場を売場にして商品を並べれば、直ぐに売り切れ、店への道は信号渋滞で、パトカーが汗かいてましたワ」

「関東でも、所謂バッタ屋と云われる人が倒産品を集め捌く会社をとてもうまくやっている。倒産情報に網を張り、胴巻に現金を入れ、全国を電話一本で走り、そのままトラックに積み込む仕入が知られてきました」こんな話が２時間です。「商品の仕入が命です」、「とにかくよい商品が圧倒的に安いこと」「他の人より一刻も早く手に入れることが仕入力の源だ」。

⑵「安く作って安く売る！」情熱と実行力

コンサルと教育のプレゼンテーションでは、私の話を聞く様子、いつもと同じで「そう、そうなんです。そこをグィーと外から（エデュース）の力で押していただきたい」「経営診断に３ヶ月を要するなんて悠長な……イラつきますワ」と口角に泡を飛ばす勢いでした。

当時は文字通り日本経済の伸び盛り真最中。中国との貿易も雑貨品・衣料共に劣悪な品質で、履きものも劣悪品が安い工賃で作られていました。羽毛布団の生産現場を見学に行きました。用足しに〝水洗トイレ〟を開くと工場の傍らを流れる小さな川。その川が水洗トイレだと言う訳です。近所の工場では、マスクをした女子工員さんが絹と羽毛の毛のもうもうと舞う中で、作られているのは日本で一流ブランドと宣伝されている他社品、市価20万円の通販用羽根布団。

R社長の発想は「安く作り高く売る」ではなく、「安く作ったものを安く売る」なのです。

R社が企画・生産・販売する靴はさらに岩と土だけの中国・奥地にあり、そこで社員が駐在して管理しています。

コストが半分でも、信用を落とせば商いにならない……日本の倉庫には不良品の山また山。スニーカー1足180円の超破格値の商品は、知恵と労力を尽くし、こんな環境で作られたのです。ピストルを腰に下げたガードマンを付け、夜は鉄パイプベッドで。この話をパートさんの研修で話し伝えると皆さんは感動ひとしおの体で耳を傾けてくれます。

社長が中国に出張すると、飛行場や新幹線の駅で会って打合せをすることがあります。両手に大きな小荷物バッグ2つ、首から1つ、背中にはリュックサックを背負い、汗を滝の様に流してそして昼食。食事には、すごい量の油っこい中華料理、このバイタリティーと食欲、ほとばしるエネルギー……。圧倒されまい、と対する私も必死で話をしていたものです。

「利は元に在り」は昔から利を得るための大原則。倒産品を扱うことは、仕入のアクセントとして面白いのですが、仕入の量を平均化することは不可能です。そこでR社長は次の(4)に述べるように、商品安定供給先としての中国に一早く注目し、仕入拠点と要員確保の行動を即起こすのです。

(3) 強烈なエネルギーで他を圧倒する熱さ

経営会議の席では椅子は常にチョン掛け。椅子の端っこに腰をかけて話し、他の人の話を聴くのですが、自分の意に沿わなかったり、いいかげんな言い方をすると、身ぶり手ぶりで意見を述べます。その迫力たるや、自説を説く、のではなく明確な価値判断基準である「儲かるか否か」に基づく、強い言葉です。

経営会議でも「業績を上げてくれる部長さん、大好き」と広言し、上らない人には、役職・名前は言わず顔も見ようとしない、判り易い人です。

経営計画・利益計画策定時に作成した過程とその結果は冊子にまとめます。経営計画を策定する中で一番重要なのは〝計画〟。

〝計画〟の根拠は前年比であれば、そこにプラスの要素をその場で考え増減を考慮するものです。この〝計画〟と〝実績〟を対比検討するのです。「努力した結果（実績）と計画との対比する場合の対象は、当初の意図した予算です。経費の〝出〟と売上高・限界利益の〝入〟、設備投資の額と償却費、回収額、そのすべての過程が経営です。ポイントは意図した原価・経費の予定であり、それを用いての売上・限界利益が目標額でなければなりません。社長に「やるなぁ」と思わせられたのは、「予測がつかない売上高の根拠は、どんな理由や根拠をつけても判らない。「掲げる数字を具現するために何をどのように、いつ対処するかだ」と断じ、要するに、とにかくヤル！　決めたことはヤリ切るんだ！　と言い切り売り切ります。その気があればできる時代で、ヤル人（何としてもヤリ切る人）、ヤラナイ人（愉しく頑張れない人）の差が開いた時でした。

(4) 役立つ人材にサラリーは惜しまぬ！

「安く売る」には多くの仕入量が必要です。自社だけでは、捌き切れない分を日本全国の小売店に販売しなければならない。

そうして必然的に生まれたのが「卸部門」当時中国産の商品には、品質的バラつきが多く不良率は50％を越えていました。この時期の台湾人、中国人の現地駐在員の活躍と貢献は尽大です。

R社長の考え方は、台湾人、中国人マネージャーへのサラリーも日本人と全く同じです。多くの日本企業は日本人が10なら中国人には3～5しか払わないのが普通でしたから、とてもインパクト強く、彼等のやる気につながりました。

こんな当たり前のことが中々できないのが一般の日本企業です。その頃、大手製薬メーカーに入社した九州大医学部卒中国人の友人が「同じ仕事をして、なぜ私達中国人の給与は日本人より安いの？」と憤懣やるかたなしの風でした。今でもテレビＣＭでメーカーの社名を見かけると思い出します。彼は帰国すれば日本の病院と同じ清潔・安全・安心・衛生的・高性能機器で設備をつくり「夫婦が医者で稼ぎます」と言っていました。

Ｒ社は、商品の安定供給をするために、中国の内陸方面で専用の工場をつくります。その時の現地パイオニアが２人、今は役員として核人材になっています。

この無形のノウハウとハウツウ（やり方）が現地の中国人の優秀さと相まって、他の多くの衣料、雑貨商品の生産指導と買い付けにつながります。

仕入ロットを増やし、仕入値を下げるための全国の専門店への卸部門の延長線上に粘り強く通販事業を推した知恵者・Ｋ氏担当の通販部が生まれ育っていきます。

(5) 〝ワンマントップ体制〟から、〝業績先読み管理会計基盤のマネジメント体制へ〟

どんな時も前へ進む創業者Ｒ社長が会長となり、金融機関出身のＮ氏が社長になります。「上場」はＲ会長永年の夢ですが、夢実現には業績の安定は不可欠の条件です。それには一にも二にも、管理会計ベースの管理体制に基づく計算体系の標準化と財務収支の安定化が求められます。

経営の過程も結果も数字で表われます。理屈抜きに数字・数値は事実を表わすからこそ、感情抜きの現実に目を向けなければなりません。社長になる前のNさんのワンマントップへの勝負言葉は、「あなたが最高責任者ですよ、すべてはあなたに帰しますよ」と、解り切った言葉で会長と対峙していました。

ビジネスですから必要だと思う方から声をかけて意思疎通をとるしかありません。人各々、性格も持ち味も違うからこそ難しいのは当たり前です。２人が異なるタイプの者同志であると云う共通認識・理解がよいバランスになっていたのでしょう。

会長・社長はよきパートナーでした。

(6)〝上場〟へ、二代目社長のマネジメント力

事業部は「店舗・卸・通販」。

メインになりつつある通販はテレビＣＭもあり知名度は年々上り、売上高はシンプル訴求〈廉価・好品質・安全・品揃え〉に合致させ好調を維持。創業者オーナーが逝去する３年前に東証上場を果たし、株価は安定して推移しています。大きな課題は「廉価・好品質・バラエティ・ファッション・サービス」が世間一般に当たり前のビジネスになっている今、「若い力を会社の力に」を現実にすることです。

嬉しいことは新入社員も入り現役の社員の人達が、共に創業者、二代目社長、三代目社長が「言葉にした社訓、経営理念」を詠む姿を見る機会があることです。

先にも述べましたが、社訓・理念を考えてから会社が興ったのではなく、創業者の考え方を明文化しその思いを伝えるためにこそ、社訓・理念があるのですから……。

〈教訓〉

1、創業の原点は、「ヒトづくり、モノづくり、カネづくり」についての創業者の思いです、またそうでなければなりません。その明文化された社訓、経営理念は後継者はじめ全社意思統一された価値判断基準です。ご本人は仕事が命ですから、言葉よりも常に先、先に目も心も向いていていましたが。

迷ったら「理念・社訓に戻る」イコール「創業の原点への回帰」から次が始まります。並の会社であるか否かはここから始まります。「迷ったら進む」でした。

2、創業者には常に「相談する人」がいました。親身になって相談に乗り担当窓口につないでくれたメインバンク（地方銀行）の会長であったり、信頼する人（コンサルタント、弁護士、会計士）がいました。自分自身は学校で学べなかったから、とにかくよく本を読んでいました。Ｊ・ウェルチ、Ａ・カーネギー、Ｐ・Ｆ・ドラッカー、本田宗一郎、松下幸之助他多くの経営者列伝が中心でハウツウものは少なかったようです。ハウツウものの代わりに、それを知る人を導入登用し、実務に活用しました。前述のように二代目社長の存在なくして会社の安定経営は為し得なかったのですから。

R社の創業者は2人だと思っています。1人はゼロから事業を興したR氏、1人は計数中心で経営基盤をつくった二代目社長のN氏です。今後はこの時代どう立ち向かいリードするか、次代からの課題はさらに困難な道です。

3、R社長自身が生の声で自分の考えを発信。月次業績検討会議では、「品切れは罪だ、売り切れ! 残すな!」矛盾した話ですが、「品切れさせれば売上は下がる、在庫もたねば売れない、売らねば残る、だから売り切れ」です。

↓欠品は売上機会を失いお客さんからの信用を失くす。そしていかなる工夫をしてでも売り切れ!

「仕入れた人が販売までの責任をもて」

↓売場には正社員、パートさんが混在しているが優れたパートさんは商品をよく知り販売力もある。だから海外仕入にはパートさんが出かけるケースは少なくない。そんな人の時給は高いし、ボーナスは社員同等。「商品の量を多く見せるコツは店のジャングル化だ」

➡ジャングル化とは雑貨、靴、カバン……店頭すべての商品を店の天井、側面、床上に並べ、それを毎日置き替えること。天井から吊す、壁面に引っかけ吊す、通路に並べる、棚に置く掛ける、です。東京・アメ横に、大阪・ナンバに見本の店が沢山ある、と実例を挙げます。

4、二代目N社長のマネジメント方式が引き継がれている。

①当時は社内報を出し、自身の考え方や経営理念・社訓の解説、年度方針、経営計画、将来展望を文字言葉にし、社内の意思統一に活かした。内容は一般社員には少し難しいかも知れません。しかし、コミュニケーション用としては、とても重宝で大切な内容ばかり。それを解りやすく話すのも幹部の仕事です。

②中期経営計画、年度利益計画が形として存在することは上場企業としては必須の条件です。

また、〝方針〟と言っても堅苦しい内容ではなく、「今後は、この方向をめざす」といった方向性を示し、現状、ライバルとの競合性（安く、便利で丈夫）を際立たせにくい中で、厳しい時代への適応力、補強の意味でもよく理解できる内容が示されていた。部門毎に何を具体的に、と考えるヒントがあると言うことは策定者が現状、現場、世間の動きをよく理解しているのでしょう。

これもまた、当時の社内報に掲載されており、全社員に周知されるように工夫されています。先は読めないからこそあえて数字目標を掲げた将来展望が要ります。このような〝経営面〟でのコミュニケーションは、大企業ではなかなかとれていません。理由は組織の硬直化と現場との物理的・心理的距離があるからです。旧い大企業（財閥系）でもビジョンや中期経営計画は今でも、〝企画室〟（一昔前は総務部）と経営陣が作文するのが実態かも知れません。

5、時代の変化は激しくて早（速）い。

２０２１年、市場の世界的縮小化は続くであろう更なる市場の委縮継続に対してはより大胆で細心な経営判断を求められます。社員の士気を鼓舞するためにも、若手人材をセレクト、登用し今風のデジタル情報と経験と感覚・感性を活かし大企業にはできない創業者精神原点の「稼ぐ力」にと念じます。扱い品目が生活に密着しているだけに国内外の異業種、異業界とのジョイントやコラボです。

私見

創業者と二代目社長の絶妙のリレーで上場を果たして今、４代目。「安い・新鮮」を売り物に、安定した収益を上げ続けています。

新入社員の水準は一般的上場他社と比較しても遜色はない。「しっかり、さわやか」な毎年の新入社員達、次代を担う資質は充分です。同業他社が「安い・新鮮」を看板にしてきている今、若い人材の登用が、「難しい新しい時代適応」の力になります。「自由に、愉しく、思いっ切り」をスローガンに……。

「今を頑張り」ながらさらに「あるべき姿」に！　そのための原点は、ドロ臭く「そもそもなぜ世間に支持されたか」を問い、さらに志高く創業の原点〝社訓・経営理念〟を糧に高みを、と念じています。

〈注〉この章は「決して他人ごとではない」との意を伝えたく、数多くの事例をまじえたフィクション仕立てにしています。

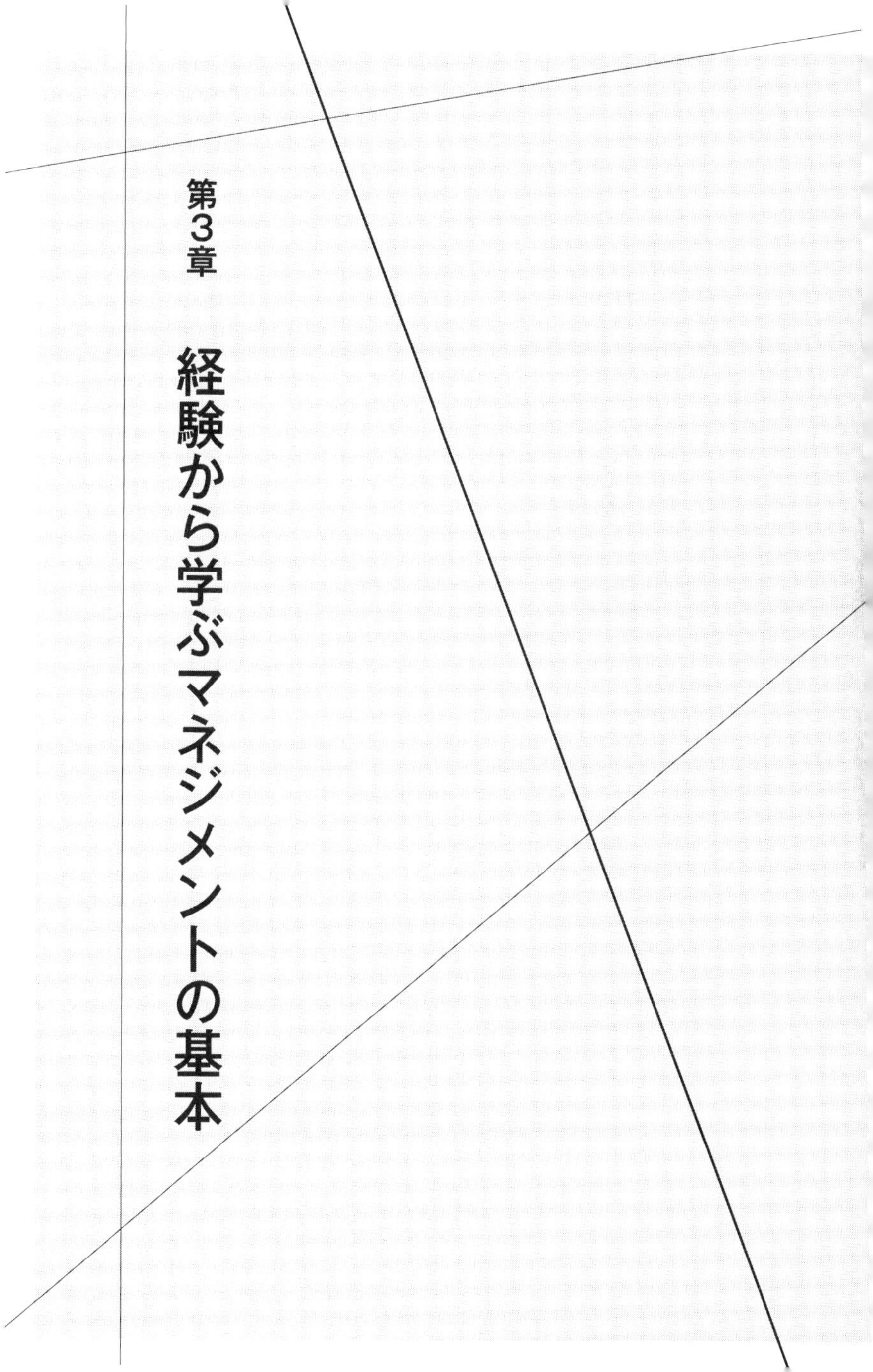

第3章 経験から学ぶマネジメントの基本

1、〝経営〟は実践、方向を見極める「先見性」、リスクを恐れすぎない「決断力」

〝経営〟は学問ではありません。現実の〝経営〟は〝実践〟以外の何ものでもありません。とにかく「やらなければ」何も始まらないのです。

今も昔も起業の理由は起業者自身の想いであり、まずはヤルこと、〝実践〟することから始まります。森羅万象を対象とする分野、科学技術工学、理学、農学、医学分野はすべて、日々の生活そのものが対象であり、具体的な「役立ち」を実感することができます。

企業経営もまた、然り。人が生きていくために、より多くの人々に喜びと愉しみを提供することでビジネスは成り立ちます。

大学で語る経営学は、生きた現実の経営ではありません。

一橋ビジネススクールで教える方が、ボストンコンサルティンググループ在籍時の経験を書いています。「戦略の構築以上に戦略実施が難しいと実感した」と。今更ですが、それを知っただけでも彼女の大きな力になります。（『一橋ビジネスレビュー』２０１９年秋号）

日々の企業経営の意味や結果の答えは、実践からしか出ませんし、それはまた永遠不変の答えではなく水のように変幻自在。

実践に直接結びつかない学問は、その時点の静態を切りとり対象として現状と過去を分析し、この先のための推測・指針にしようとするわけです。

しかし、肝心の生きた世の中の出来ごとには「高見の見物、評論家」を決めこんではなりません。現実と関わりのない観念の世界で独りよがりは学問の自傷行為です。「経営とは、社会（世間）に役立つ〈モノ・サービスを提供〉することにより、会社（ヒトの集合体として）の存在価値を維持し高める活動」だと言えます。

１００の理屈も並べるよりもまずやり始めること、実践することから経営のすべてが始まるのです。

なぜこのようなことを言うのか？　一見複雑に見える現象も元を正せばとてもシンプルな一つひとつが複雑にからみあっての現象であるからです。

例えば、かのリーマン・ショックも、優秀な頭脳たちが高等数学を駆使しての数学的統計学的推論に基づきつくった証券、貧困層が借金して買った住宅債権であり、元締めの銀行が回収不能になったにすぎません。

また、日本でも江戸・元禄の安定社会に入る前から大坂の井原西鶴による「始末・算用・才覚・信用」とビジネスの基本が説かれました。

「経営は実践」ですが〝結果〟を産み出すための行動は、法に違わず人の道に外れなければ何でもありの世界ではありません。売る人・買う人・使う人（関わる人）による喜びの輪づくりだ、との意味です。

私たちが自然界から糧を得るようになった時から生きるための営みが形とやり方を変えたのが企業経営です。このように考えると、企業経営のあり方やり方は私達一人ひとりの人間と同じように生きていくために「お役立ち」の交換なのでは、と思います。

「戦略・戦術・戦闘」の言葉は、「目的をもち、掲げる目標までの骨子をデザインし〈戦略〉、基軸と支える具体策を練り〈戦術〉、今、具体的に、いつ、何を、どのように実践するか〈戦闘〉」を考え、実践していく意味です。その中に、考えられるリスクと備えるヘッジを想定し、そのやり方をできる範囲で策定しておく。

実践により得た結果を後づけ理論化し、共通項で括(くく)り、経験を普遍化する社会科学としての経営学〈論理性〉を〝科学〟と言うなら、人各々のやり方で、日々動く経営は〝芸術〟です。〝経験則〟は〈静態と動態〉〈論理性と芸術〉両者の間で実践への指針となり得ます。

この一文の中で〝実証・経営原則〟とうたったのは、次につなぐための理屈と今実践すべきポイントを知り、一体化を図りたいからでもあります。

キーワード
「経営の考え方」

〈経営＝実践〉
実践力は理念・方向づけへの意思統一から

2、〝経営理念〟の意味と価値・「継ぎ時に確認し、前へ進むための原点」

この章・項目では、

〝創業の心〟〝経営に対する思い〟〝顧客創造の原点〟……等と述べていますが創業者自身がそのような美しい言葉から仕事を始めたとは思いません。「生きていくために」「何としても食べていかなければならない」との一心で創業した人もあれば、「小さくても一国一城の主になりたい」との思いで始めた人……一人ひとり動機は異なりましょう。

物事にはすべて〝表裏〟〝陰陽〟〝上下〟があります。〝本音〟が〝建て前〟で包まれることも少なくありません。

個人経営から生業、家業・同族、企業へと業容の拡大はおのずからアカの他人が入社してくれば、価値観を共有する、同じ方向に向かって進むための意思統一の必要があります。「私達だけが解っておればよい」では組織が成り立っていきません。だからこそ〝理念〟

〝ビジョン〟が形として存在しなければならないのです。

例えばベンチャー企業を起こす起業家（アントレプレナーと言いますが）が、真っ先に〝経営理念〟をつくることもあるでしょうが、まずビジネスのタネ（シーズ）がありそこから具体的な形にしていくために育てていくことから始まります。

核になる人が必死になって考え、動き確たる成算のない中、不眠不休の狂気の時を経てこそ千一、万一の結果なのです。

起業も継承も、継続も、仕事の中心、ヒトの中心には常に〈ヤルべきことと、求める人〉が核（コア）にあってこそ仕組みはもちろん、商品サービスへの思いが形になっていきます。ビジネスの原点です。

創業当初は「経営理念」も「ビジョン」も熱い思いと情熱を心に秘めてはいても、具体的な形として、言葉としては存在しなかったでしょう。しかし、二代、三代と、「継ぐ」、あるいは「原点に戻る」時には、不可欠な要素なのです。先祖返り、ルーツに戻る意味もあります。

会社は「組織としての目的を共有する人」の集まりです。

組織をつくり出す一人ひとりは個人ですが、各々が果たすべき機能（＝はたらき）を果たさなければ目的の共有と連帯意識は芽生え育ち、続くことはありません。

時代が変わり、いかに技術が発達しようが、その技術の価値を生み出すのはヒト以外の何ものでもありません。そのためのキーワードが〝経営理念〟であり〝ビジョン〟です。即ち、どのような考えで、なぜこのような商品・サービスをお客様＝マーケットに提供、提案するのかとアカの他人同志である人達が共有し、それがまた、実践につながる価値観でなければなりません。〝理念〟〝ビジョン〟は共に言葉として明らかにされなければならないのです。

それは、

①何が私達の会社の価値なのか。お客様にとって、社員にとって、会社にとっての具体的な存在価値を示す。

②価値を現実のものにするための創業の精神とは何なのか、経営者自身の生きざまと考え方を明示する。

③精神は具体的な実践に至ってこその価値、〝実践〟の具体化とは何をどう指すのか。

〝これからのわが社の進むべき道（ビジョン）〟を考える大きな指針でもあります。繰り返しますが思い、思い続け、考え続ければ行動に表われ、その結果は必ず〝見える〟＝姿＝形となって表われるものです。

場当たり的な〝心構え〟や〝思い〟ほどあてにならないものはありません。しかし、人の心を一つにするために思い続け・やり続けることには歴史を創っていく大きな意味があります。

世間で言う、「社風」「土壌」として会社に根づけば「伝統」として〝信用〟の基盤になります。一朝一夕にして成らず、成ったとしても、一瞬の内に脆く崩れ去る代物なのです。現実に何度も体験しています。業績の良いときや創業者が先頭に立って獅子奮迅の戦いをしているときには、旗印として掲げた理念の下、全社員の士気は上がっています。しかし、業績が下降してくる、創業者から代替わりをすると、理念が軽視され、士気の根っこが消えていくのです。特に先代の存在が大きい会社では、代替わりで否定されることも少なくありません。畏れを知り、感謝する思いこそが、継ぐ人の品位品格となり、企業価値です。経営者のありようは会社そのもの。

事務機器販売会社の二代目、「会長（＝父親）の近くにいると、『父親のおかげで社長か』といわれるのが嫌だ」と引っ越しましたが、これはこれで頑張りのバネ。

しかし、ビジネスに対する取り組み方、人としての道の歩み方、考え違いは見事に不親切な対応と雰囲気として店のありように反映されています。怖いことです。

〝経営理念〟の実際

経営理念は、今あるこの社会を生きるための哲学（生き方・考え方）である、と言えます。会社は法律上の人格をもち、それを〝法人〟と言います。生（ナマ）の人を模しての呼び方です。

経営理念とは、

1、創業者の考え、哲学であり、
2、全社員の〝考え方と行動の指針〟であり、
3、「何のために、誰のために」を具体的対象として定めた、次代に引き継ぐべき思想です。
4、組織にとっては、モノづくり、サービス提供に際し社員の活力の源であり、価値判断基準の軸となる。
5、組織は、「機能（はたらき）と共同体（皆が運命共同体）」の二重構造。このうちの〝共同体〟の軸が経営理念です。機能として「仕事ができても」共同体意識がなければ組織人としてはあり得ない。

私自身の考え（経営に対する考えの原点）、学生時代の私が人生訓の一つとして伯父から勧められ読んだのは、出光興産・出光佐三氏の自伝『人間尊重五十年』でした。そこには「人を人として遇し、会社の〝力〟としてこそ人も会社も活きる」との精神が一貫していました。高らかに「社員の一人ひとりは家族なのだ」と称えています。

私達も「生きる」、について自問自答しながら書に親しみ人と交わり、社会の一員として各々の日々を過ごしています。と言っても、「生きるため」の糧としての食物を得て住居、衣服をまとうためのモノがあり、それを得る「人として生きる糧」であるべく支えが必要です。

この心の支えを企業経営では「経営理念」と言い、人間なら哲学（自分なりの考え方・生き方を追求する）と言うのでしょう。

「法人」での〝理念〟と「個人」における哲学の違いは、法人＝縁あって集う個人の集団員としての人であり、それは会社の組織によって役割を分担してこその人である、と言うことです。

もしも、経営者としての自分が第一線で現場指揮がかなわなくなればどうしますか？自分の言葉を自分の体から発することができなければ、言葉にし、文言としなければ伝えたい人には理解してもらえません。言葉は言霊（ことだま）です。従って〝意思統一〟こそが人の集合体である組織が機能するために一番大切な本質＝根源なのです。

人は日々の生活すべてが選択と決断の連続です。昼食だって、今日は何を食するのか、の選択と判断・決断・行動の流れの中にあります。

会社ならどうでしょうか、会社は自由主義経済体制下の競争下にあり、その中で優勝劣敗の激しい戦いに勝ち抜き生き残らなければなりません。

企業人（企業で共にある人を呼びます）として一つの会社にある、と言う現実は、「普通の一般人」としての生活の糧を得て社会の必要とする商品やサービスを提供する一員である、ことでもあります。

大手企業が、近江商人の行動規範として大切にしていたという「三方よし」を自社の経営理念として定める、と新聞に全面広告をしていました。

ブラック・ジョークかと思いましたが、自分たちを律するためにになら結構です。

なぜそのように考えるのか、三方よし（売り手よし、買い手よし、世間よし）の前提は利益が上がってこそ実現できるからです。力づくのビジネスを展開する中でのキレイごとよりも解りやすく、内外の人の心に共鳴するものでなければ何をどのように、が伝わってはきません。経営理念は社会へのメッセージではあるものの、具体的に〈顧客・取引先・社内〉に何をどのように実践するかを明示する規範ですから。

近江（今の滋賀県）は琵琶湖が全面積の1／6を有し、京都に隣接、京都、奈良を通じ大阪との交易関係は深い。政治の中心が江戸（東の京）に移ってからも、江戸・京都間に中山道・東海道の二大街道があり、日本の交通の要衝でした。

上方（大阪）・都（京都）・江戸（東京）をつなぐ、情報と物流の要には、琵琶湖の平らかな淡海を利用した北陸（富山・石川・福井）をつなぐ要路として併せ在在していました。

中山道・東海道の、街道を利用した商売が各地産物を仲介するために、行商を始めたのが近江の人です（一般に江州商人と称します）。行商ですから商人自身が商いのすべてを担うわけです。例えば商品の種類・品質・値段・納め時に買い手に信用されなければ〈モノを受渡し、予約発注、納入、代金受取りの流れ〉は成立しなくなります。

第二次大戦で東京大空襲の後の焼け跡を線引きする時、近江出身の会社がわれ先に線引し、所有権を主張した、と言われたり、江戸時代の行商では、上（天井）のない蚊帳を売ったと揶揄されました。そのようなことは、商人という信用が財産だとする江州商人からすればあり得ない話ですが、そのようなこともあったのでしょう。彦根高商（現在の滋賀大経済学部）時指導された田岡先生は〝三方よし〟を自らのフィールドワークで発出した小倉氏を評して「頭の良い男だった」と話されていました。

交渉ごとでは「ウィンウィン」＝「売買双方利得」と言いますが普通はあり得ないことでありその場で相手を承服させるための言葉に使われます。競争社会とは結果として「強い者勝ち＝ゼロ・サム」……が現実です。

弱ければ敗ける……これは仕方のない摂理で、「悔しければ強くなれ！」としか言えません。しかし「ビジネスは売り方と買い手は対等の関係にあるのが基本」ですから「自分達がどんなに美しい表現であっても、その内実は文字通り、血みどろの戦い。血みどろの「食うか食われるかの戦い」であっても、大義名分と心安らぐ〝理念〟が存在しなければならないのです。

現実の厳しいビジネスの世界で、互い（顧客・取引先・社員）の価値を認めあうための心の支え（糧（かて））であり価値判断基準です。

経営理念の事例

「P社・経営理念」

―私達のいのち―

「住まいは憩いのあたたかさ
人をつつみ、いつくしみ、くつろぎの緑
生まれ、育ち、成長し、
　大切な一日を見守っている
山川草木となじみ、作り出すPの力
お客様、お取引様、そして
　P社人であり続ける幸せな一日を」

業種　住宅・建材生産
年商　約200億円
従業員　300名
経営の柱　①エリア占有率に密着
　②プロ人材の育成・登用

Pの輪

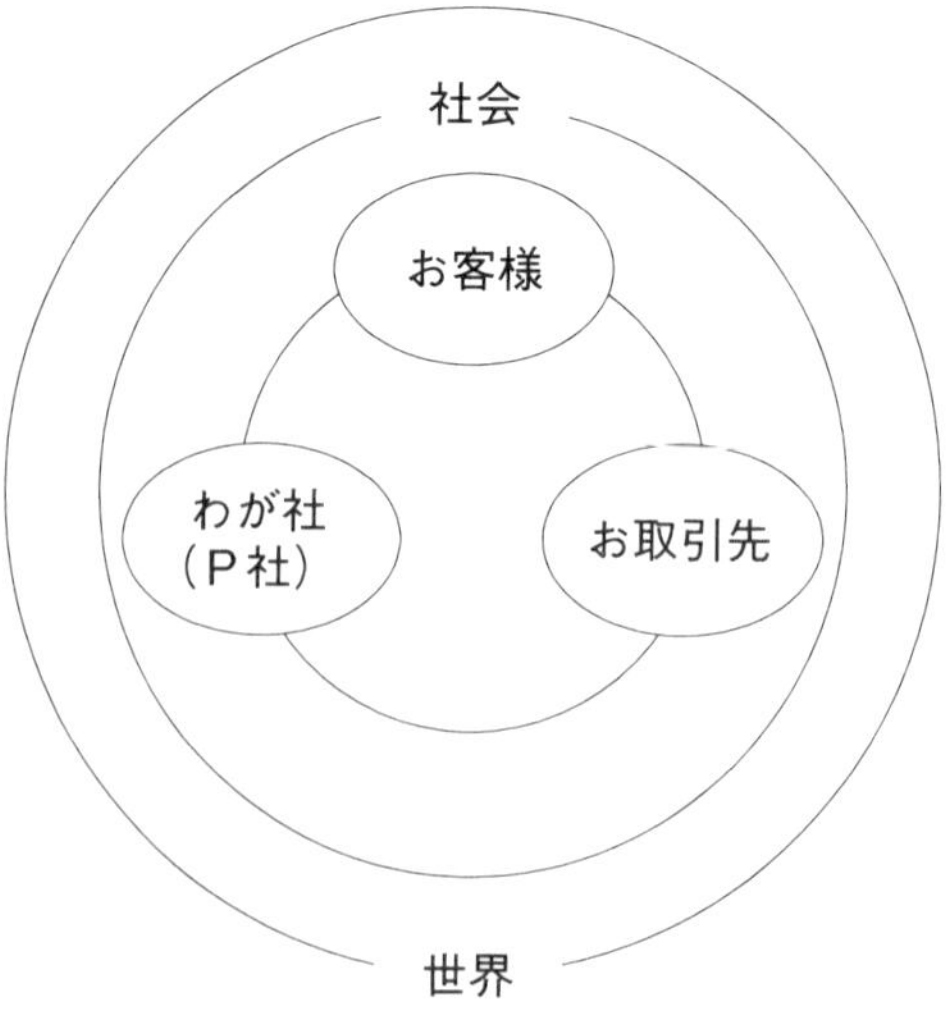

社会
お客様
わが社（P社）
お取引先
世界

「おはようございます」「おつかれさまです」「ありがとうございます」
1、種を播き、苗を育て、植え、育て、実のなる営業は全社で
2、安心、安全、美しく、永く伝える一つひとつの仕事に心を込めて
3、「あなたのため」は「私のため」、笑顔が広げる〝pの輪づくり〟

〈経営の根本〉
1、お客様に喜んでいただくことが結果として社会の発展に寄与すること。
2、健全経営（常に売上を基盤として、確実に利益を計上する安全・好均衡の経営）をする。
3、社員のあるべき姿の基本は人間としての基本。

〈経営基本方針〉
1、「農耕型経営を推進する。コツコツと地道に一つひとつ耕し丁寧に」
2、エリア密着、市場占有率重視、効率はヒト中心に商品、資金、仕事の有効活用につながります。

〈大方針〉　革新・挑戦・チームワーク
その1、同族を経営の核とするも能力ある人材を登用、その育成
その2、社員をコアとして、地域ナンバー1パートナーは〈企画・設計・開発〉とのコラボレーション推進

〈経営目標〉　売上200億　営業利益率5・0％
〈エリア開発〉　東海・関東エリア＝営業
〈社員行動心得〉
1、挨拶で始まり、感謝で明日を
2、時間・約束守る信用
3、安全第一・指差し確認

⑴「会社の設立と〝経営の源〟」

日本の地政的中心地・関東に位置し、顧客・地域で輝く星であるべく住宅と関連する産業を創り、育てる。

戸建住宅のための町づくり、設計、プレカット工場（全国他社工務店への供給体制）、品質管理センター、グリーン開発、エネルギー開発、リフォーム、展示場……多岐にわたる。

〈事業展開の歩み〉

創業者オーナーの経営で、特異なところは、ロマンチストで視点高く視野広く自らが先頭を切りながら、「まかせていく」心の余裕があったこと。

視点は、その時代に適った暮しの文化になじみ、地域の文化・伝統をクリエイトし、お客様の心を豊かに（楽しく、安全で安心して）生活する暮しをつくること。また、会社経営については、お客様、社員、関係者（工場・工務店）間の信頼の輪をつくり永続発展する会社を日々つくっていく。

(2)「経営理念とは」

〈社長の話〉「会長を想いつつ」

〝経営理念〟としては、美しい言葉とリズミカルな表現ですが、文字通り土を踏みしめ、涙と汗と、あのムシ臭いかかとの丸まったビニール靴。靴だけは、華僑の友人に学んだ「人を見る時は足元を」の言葉を聞いて以来、高価でなくても清潔で磨かれたものをと心していると話していたことがあった。

服装は人格と品性を表わす、判りやすいその人のシンボルだ、と話してましたね。

創業者は、会長として5年間、長子である現社長に代表権を委し、その時の潔よさは周囲から意外性として捉えられたが自身に対する固執と情念のワナにはまらなかった要因は、現社長の描く〝将来設計＝ビジョン〟の大計に時代の変り目であることと、交代の好機であることを悟られたことが大きい。

会長が第一線で陣頭指揮台に立っている間は、本社の企画・設計・営業は、夜0時頃までデスクワーク。喫煙室は、それはそれはもの凄いタバコの煙また煙、酷いもの。その頃、丁度、労基局の特調が入り長時間労働の不法性を指摘されていました。

現社長が会長に言ったことは、「世間並み、社会の常識を(法令)守れなくて売上・利益に価値があるのか。それは最低限のルール(労働時間制限)を守らなくて、世間は評価しないし、普通で当たり前レベルの社員が来て成長するでしょうか?」でした。

(3)「お客様と社員に選ばれるP社にしよう」

〈専務の話〉

会社が人を選ぶ前に、人に選ばれない会社が「世のため人のための会社」なんて笑ってしまいます。

取引先メーカーの女性専務が「ウチみたい中小企業は、大企業のようにはいきません」と話していました。それは、「中小企業にはよい人材・稼ぐ人は来なくて結構です」と言っているようなもの。会社自身がそんな考えなら、そのレベルの人材か、それ以下の人しか来ません。「会社は社長の器以上、大きくはならない」「社員のレベルは社長のレベル」……なのです。経営理念も将来ビジョンも結局は社長の器を規制します。専務として「戒め」、共に元気でありましょう！

―P社・方針発表会で―

キーワード
「経営理念の価値」

経営理念は『思いを継ぐ』ための根本精神・魂

3、〝外部から〟の目（視点）、頭（考え方）、「芯のある、力のある人を統治の助けに」

外部の人材を取締役として選ぶケースが増えてきましたが、対外的なゼスチャーである場合が大半です。

監査役も実質、社長が選ぶため、監査の用を為していないのが実態。取締役も同様で経営にモノ言う人など、志の低い社長が選ぶはずもありません。

困ったことに、コンサルもまた、経営上の課題や問題点を指摘する人は少ないでしょう。外部人材の選び方、社長自身が「私のやり易いように賛成してくれる人を」と、考えることがまず問題。本来は、選ばれる側の人も、立場、役割をわきまえて使命感と仕事の目的を理解した上で承諾すべきこと。

会議での議案・提案に唯々諾々では、真剣さのない茶番劇です。

コンサルへの依頼は、「システム構築をしてほしい」「管理会計システムをつくってほしい」「社内コミュニケーションの仕組みと風通し方法を指導してほしい」「品質管理の基本型をつくり運用までみてほしい」「何度言っても続かない整理、整頓、清掃、清潔を根付かせてほしい」「リーダーの教育研修を実施してほしい」……。しかし、考えてもみてください。品質管理の基本である5Sのレベルなんて、社長自身や幹部が率先して実践すれば必ず全社に伝わり、習慣化するものです。傍目八目（おかめはちもく）と言いますが、普段気付かないことが外からはよく見えることも多いのです。

コンサルもキャリアを積んできますと、その会社の「問題点と課題、対策の引き出し」が増えてきます。経験を経れば経るだけ、類型化でき「座われば当たる」式に驚かれる時も増えてきます。毎月来てくれるKさんは、「トイレ、オフィス、生産現場の環境と人の動きを見て、３～４人、社長以外の人と面談し、月次決算書を眺め、担当者と会えば、その場で診断（結論・問題点・課題・対策）はできる」、と言います。

後は、少し時間をかけて〝内容〟の裏付けをするのと、〝対策、実践〟への根廻し、現状のコンサル内容を吟味し、次のステップを提案してくれます。経験の引き出しが多いのです。

馴れ合いの果ての外部取締役に、会社としての価値はありません。選ぶ人自身に仕事に対する使命感・矜持が欠落しているのです。そのような役員、外部登用者、コンサル……寄生虫です。

取締役ではないが、同じく株主に選ばれる監査役の仕事は、「会計監査、業務監査」が任務です。現実には代表取締役が選ぶ監査役が代表者が責任を負う業務に対して厳しい指摘ができるはずもありません。形式上、法が定めるから存在するだけで実効力はない。しかし、代表者の目の届かない部分を監査名目で代表者に替り問題指摘できるのには大きな意味があります。代表者の分身的価値、とも言えます。

取締役は〝経営そのもの〟に関わるだけに、より具体的に現実に日々進行する経営に関わらなければなりません。

〝監査は静〟ですが、〝取締役は動〟です。

外からの取締役による外からの視点、立場で経営に参画する価値は大きいものです。外部からの人は、他から収入を得ており、明確に意見提案ができる経済的基盤があります。企業統治(コーポレートガバナンス)機能も併せ持つ、実効ある人選には、会社としての遵法・道義・道徳・品位がかかっています。

〝外部からの視点〟社外役員の基準

(1) 視野広く、視点高く願わくば修羅場を経た人

経営に関わるジャッジメントとあり様についてなら、規模を問わず経営する立場の経験を有する人、常識あり、視野広く視点の高い人。

(2) 仕事と立場に忠実な人

あくまで「株主に選ばれた」が前提ですから「会社のために株主のために」が自分の立場であり仕事です。その前提で具体的な提案ができる能力は不可欠な条件です。いわゆる、企業統治（コーポレートガバナンス）機能を果たせる人。

(3) 〝品位〟の高潔な人

何も言わない人は単なる無能力の証です。堂々と正道を歩み、自分の立場・仕事・役割に徹する潔さと何よりも謙虚であること。

(4) 内情を理解していて「この人は安心」なタイプの人

「良薬は苦し」と言いますが、苦くても効く薬をつくれないおとなしい人ではまた、経営には向かず、できる人は卑しい人が少なくないし、難しいところ。

(5) 社長自身の知人・友人である人

親しいからこそ率直に言う人、言わない人、〝カネ〟がからむ（報酬が伴う）となれば誰もが人の子。忖度（相手の心を推し量る）、あうん（互いの微妙な思いに合わす）が真実の目を押し隠す。できるだけこのような関係は避けるべきです。

社外役員に対しても社内役員同様、〝使命感〟と〝情報の共有〟は不可欠です。

結局は縁のある人になるにしても「人間として誠実であり正直」でかつ「自分の正しいと思う〝軸〟を持つ人」。その人の歩いてきた道と経歴が大きな判断材料になります。

基準は、

「取締役の仕事・責任、具体的な役割は何か」を確認し、代表取締役であろう自らも襟を正し直すことです。大企業ではよく言われる企業統治〈コーポレートガバナンス〉支援ができ中小企業だからこそ〈トップ人事、報酬、人事、ビジョンの策定〉を外の目でしっかりアドバイスし、指摘できる仕組みとしての役員が不可欠です。

自分の考えを発信しない、できない人に〝機能価値〟はありません。

また、外部からの役員任期は2年に。そうでないと会社・本人双方に惰性と寄生性がはびこります。

キーワード
「外部からの目、考え方は企業統治の力」

〝経営＝社長＝会社〟を客観視し、発信する会社の統治機能に

4、仕事をする力（成果）を主軸に信頼のコミュニケーション

(1) ヒトの2面性＝〈仕事をする力×人としてのバランス〉＝成果重視へ……

〈仕事の成果は〝業績〟〉であり、ビジネスパーソンとして評価されるべきは潜在能力ではなく、〝業績〟として顕在している事実についてです。大企業の考え方に従属するのではなく、独自の思想で企業人としての社員への処遇を成果中心に考えなければなりません。

リーダーとしての「仕事をする能力」、とは自身が直接に関わる現場、モノづくりの生産現場であったり、モノを売る現場、企画する現場で顕在化する〝結果〟についてです。

もう一つリーダーが求められる能力とは、「自分と共に仕事をするメンバー一人ひとりを支援者としてサポートし、管理すること」でもあります。企業人には『仕事（成果）をする人』と『生活をする人』の2面があります。主軸は仕事をする人であり、支えるのが生活人です。図示するように主柱である『企業人』として評価すべき基準は『成果をあげる人と、そうでない人に格差をつけることこそ平等』＝公平主義。『成果差能力給』は成果に直・間接的につながる評価に基軸を置く考え方です。

図表５　企業人の２面性

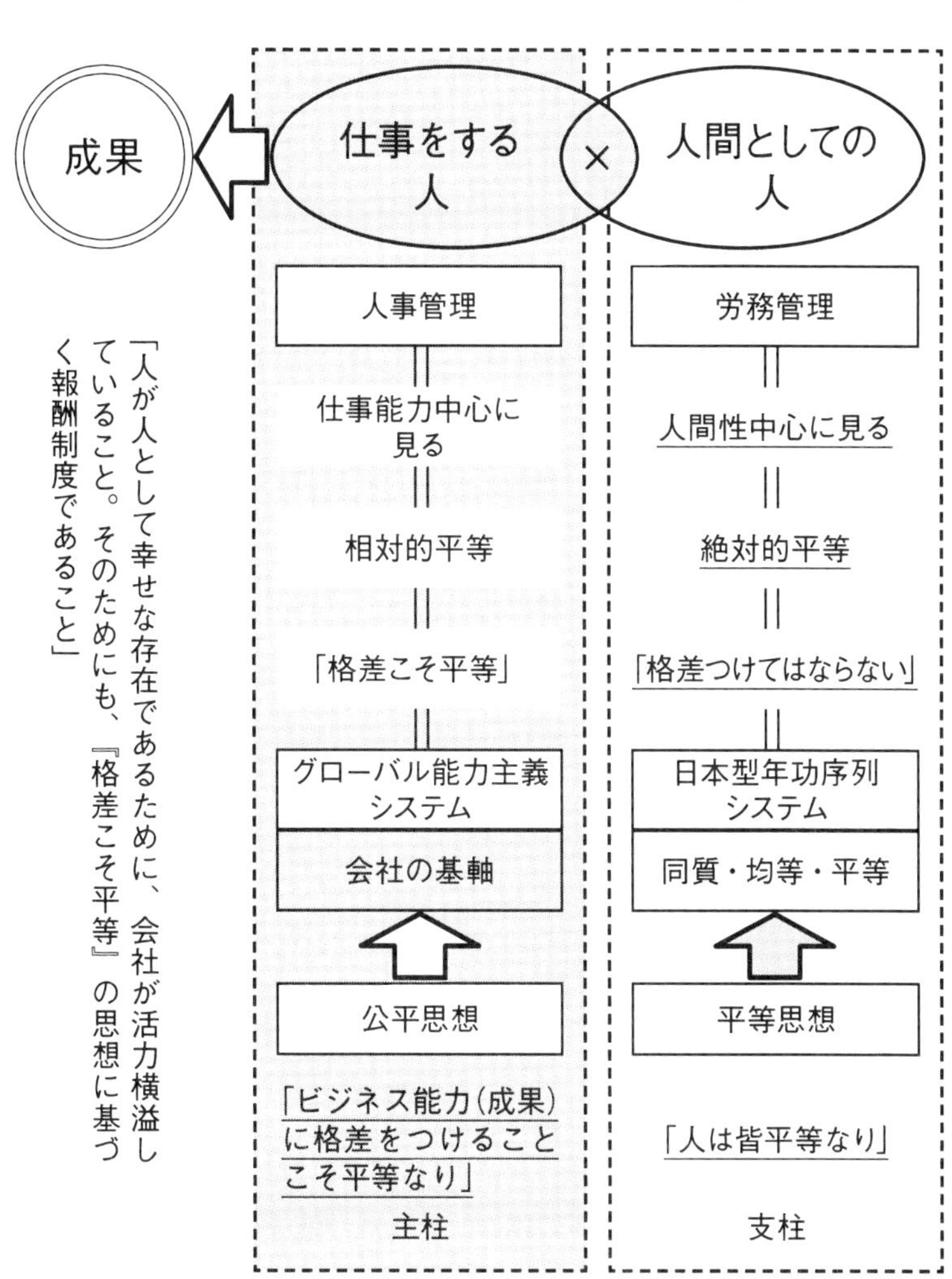
企業人
(Business Person)
成果
仕事をする人
×
人間としての人
人事管理
仕事能力中心に見る
相対的平等
「格差こそ平等」
グローバル能力主義システム
会社の基軸
公平思想
「ビジネス能力(成果)に格差をつけることこそ平等なり」
主柱
労務管理
人間性中心に見る
絶対的平等
「格差つけてはならない」
日本型年功序列システム
同質・均等・平等
平等思想
「人は皆平等なり」
支柱
「人が人として幸せな存在であるために、会社が活力横溢していること。そのためにも、『格差こそ平等』の思想に基づく報酬制度であること」

毎年3月になると、経営者団体は「年功序列型の制度を変える」と言ってはいますが、できないでしょう。もし、手をつけても改定には一世代30年は要するのが日本の企業です。資生堂では年功制を打破し、成果中心のジョブ型人事体制をつくろうとしています。グローバル化に対応し、外からの多様な人材を戦力化しよう、との意もあります。仕事を専門職ごとに分け、一人ひとりのポジションを明らかにし、責任と成果を明確にとの目的。これを実行しようとするのも外からきた社長です。注目に値しますが他社も同様、果たしてできるのか……？

大企業の経営者はすべてサラリーマン。年功序列・終身雇用制度の中で仲間であった人をどうして厳しい仕組みにハメ込めるでしょうか。

試案・成果差能力給導入目的と実施へのステップ

1、勤務年数ではなく、業績成果を報酬の軸にし、職務と成果責任基準がベース。

2、基本給は2層。1層は『生活人』として必要な『生活給』とし、30～35歳時点で昇給なし。2層目を『成果能力給』とする。イメージは65ページの図表2。１４９ページの図表5。

3、『成果差能力給』は中途入社についても年齢制限はなく、該当年齢の『生活給』に加えて『想定成果差能力給』が加わる。

4、労働生産性2,5（労働分配率40％）、損益分岐点操業度60％。会社によって基準は異なるが枠をつくる。

5、国籍・年齢・性別・新卒中途を問わず、機会平等分配公平。試用期間を設ける。

6、リーダーの成果は「業績成果」「メンバー育成成果」の2つ。

7、『成果差能力給序列』はルールであるが、会社としての思想であり哲学（考え方やり方）の反映でなければならない。

8、したがって、「成果とは何か」の定義とやり方進め方の全社的意思統一をする。

9、1～8を前提に職務分析の中で「その仕事の成果」を明示、成果判断・判定の基礎にする。

〈『成果差能力給』導入の前提〉

1、評価基準の明示公開

2、30～35歳までの1層2層の合計は中小企業の平均値を上回る

3、社員数100人までなら経営者自身と生産・営業・企画責任者が一次評価。二次評価は中堅リーダークラス（中小企業なら担当者・外部が作った評価表よりも社長の感覚の方が公平）

4、導入の目的・意味については経営トップ・幹部間で意味と意義が一貫したコンセプトとして合意されることが不可欠。次のステップでは、「職種ごとの成果の基準」を職種職務毎につくる。その過程で定型業務については外部委託に。

5、生産性を上げるために、「付加価値を生み出す商品・サービス・販路」を日常的に考える習慣づけ＝社風が重要。そうでなければ会社の存在価値＝売上・限界利益が上がらず、報酬原資が増えない。

以上はあくまで〈試案の例示〉です。『成果差能力給』は『ノルマ（負荷）給』ではなく、社外プロとして通用する〈専門化〉＝その道のプロとしての仕事を明確にし処遇するもの。2、3年周期で担当部署を変わりアレもコレも経験するようでは専門化は果たせず、世間で通用する専門力は身につきません。勤務年数によるロイヤリティ証明よりも仕事へのロイヤリティがはるかに企業に貢献し個人にも利します。

年功序列による仲良しメンバーシップよりも会社を刺激し個人目標も明確に描けます。

終身雇用・年功序列重視による会社へのロイヤリティ（忠誠心）は薄っぺらいもの。大手弱電P社で相当規模の関連会社代表であった人、P社業績不振の窮地にある時企業年金を若干削減され提訴し敗訴。長年勤務した元大幹部ですら会社への思いはこの程度です。まずは、現行の評価システムを合理的に準用することから。

(2)経営コミュニケーション「調整、相・報・連は、組織の潤滑油」

〈経営コミュニケーション〉とは文字通り、双方向の意思疎通（通いあい）です。

トップダウン（上意下達）・ボトムアップ（下意上達）はあくまで、織りなす繊維で言うなら縦（タテ）系であり、部門間に同僚間でおこなう意思の交流は横（ヨコ）系の関係です。

縦のトップダウンのみの一方通行なら即断即決でものごとは早く進みますが、強すぎるとボトム＝現場情報の流れが遅いか、トップに聞かせたくない情報は上ってきません。

〈調整・相・報・連〉

組織とは「仕事の分担と責任の所在を表したものではありますが、各々組織の責任の範囲は決めているものの〝範囲〟は相互が浸蝕し合います。仕事の範囲の広さと深さは、どのような組織でも奪い合い。力があるものがより広く深く自分の担当とすることで組織における力関係は変わるものです。

だから組織のタテ・ヨコ、時には越えて斜めにまで調整することが必要なケースも出てきます。この〝調整〟がうまくいくコツは関係者同志の信頼関係にあります。

経営現場の中でつくられる〝信頼関係〟づくりは実践されるべき〈相・報・連〉であり、

指示する方にも求められるのです。

〝相〟＝ワンマントップは何ごとによらず「相談してくれる」ことを好みます。時と場合によりますが、上司に相談ばかりしていることで「先に自分で考えろ」「何でもかでも聞きに来るなよ」、とは思われ言われても意識して先に自分で考えてから、相談するなら無能扱いはされません。「委かす」と言われたのだから、と意味なく独断することのリスクを考えれば、先例のない案件ならまず相談する方がされた側は安心します。「それ位は自らで決めなさい」、と言われても、その目を見ておれば相談することで喜び安心する表情は明らかです。

〝報〟＝〈相はbefore、連はin、報はafter〉と私は考えていますが、「あの件はどうなった?」と何度も聞かれている様では仲々信頼関係を築くことはできません。上司なり担当者が「仕事を頼んだ」と言うことは頼んだ方の責任において依頼した訳ですから、投げられたボールは、しっかりと相手の胸元に真直ぐなボールを返すのが当たり前です。

方法は〝メモ、口頭、電話……〟その時々に応じた方法、やり方で結構です。それも相手に判るように。いいかげんな報告で、相手の目につかない所に置いたりというやり方をとる人があるかも知れませんが、陰湿です。

〝連〟＝タテ、ヨコ、ナナメの何れにしても連絡し合うことはチームワークそのものです。

郵 便 は が き

お手数ながら切手をお貼り下さい

5 2 2-0 0 0 4

滋賀県彦根市鳥居本町655-1

サンライズ出版 行

〒

■ご住所

■お名前（ふりがな）　　■年齢　　歳　男・女

■お電話　　■ご職業

■自費出版資料を　　希望する ・ 希望しない

■図書目録の送付を　　希望する ・ 希望しない

サンライズ出版では、お客様のご了解を得た上で、ご記入いただいた個人情報を、今後の出版企画の参考にさせていただくとともに、愛読者名簿に登録させていただいております。名簿は、当社の刊行物、企画、催しなどのご案内のために利用し、その他の目的では一切利用いたしません（上記業務の一部を外部に委託する場合があります）。

【個人情報の取り扱いおよび開示等に関するお問い合わせ先】
サンライズ出版 編集部　TEL.0749-22-0627

■愛読者名簿に登録してよろしいですか。　□はい　□いいえ

ご記入がないものは「いいえ」として扱わせていただきます。

愛読者カード

ご購読ありがとうございました。今後の出版企画の参考にさせていただきますので、ぜひご意見をお聞かせください。なお、お答えいただきましたデータは出版企画の資料以外には使用いたしません。

●書名

●お買い求めの書店名（所在地）

●本書をお求めになった動機に○印をお付けください。

1．書店でみて　2．広告をみて（新聞・雑誌名　　　　）
3．書評をみて（新聞・雑誌名　　　　）
4．新刊案内をみて　5．当社ホームページをみて
6．その他（　　　　）

●本書についてのご意見・ご感想

購入申込書　小社へ直接ご注文の際ご利用ください。
お買上 2,000 円以上は送料無料です。

書名	（　　冊）
書名	（　　冊）
書名	（　　冊）

駅伝マラソン、伝言ゲームもそうですが仕事はチームですから、ふさわしいチームワークを参加する者同志が当たり前のように、相手とメンバー全員を思い流行り言葉である〝ワンチーム〟でなければなりません。

ここでも、口頭か、メモか、間違いのないような手だてで連絡をとりあうのです。（一般的には〝報連相〟と言いますが、ここではあえて〝相〟を先に入れます）

キーワード
「トップの〝個〟から〝組織〟で成長」

組織のコミュニケーションは
縦糸・横糸、心の交流が基盤

5、ビジョン設計は〈何のため、誰のため、何をどうするのか〉・「広い視野・高い視点で自社を見る」

〈ビジョンづくりの意味と骨子〉

それは、

1、会社にとっての「あるべき自画像、めざすべき目標」。

2、社員にとってのヤル気（志）の素であり糧であり、支え。

そのために〝中期経営計画〟策定の基軸は

3、会社の構造（事業のあり方・組織体制・人材の育成と導入・マネジメントの仕組み）の改革〈リストラクチャー〉です。

ビジネスの柱は2本

1、現状ビジネスの強化
補強は大黒柱

2、現ビジネス関連、時代適応の
商品サービス分野で次の柱

ポイントは、

1、商品サービス（どんなものを）

2、市場（どの顧客対象に）

3、仕組み・方法（どのように）

4、社内体制（組織・人材は）

そして、

今、考え、ヤルべきことを大胆に↓先を考え道筋を考えることに意味がある

〝経営ビジョン〟は「将来のわが社はこうありたい」と言う〝将来像（イメージ）を形に表すものです。

多少、現実離れしていても〝実現可能〟であることが長・中期経営計画につながり易いでしょう。先述の〝経営理念〟が企業価値とわが社の経営上にある〝すべての価値観〟であると同時に〝価値判断基準〟を表わすもの。

図表3　経営理念・経営ビジョン・中期経営計画・年度利益計画の関係

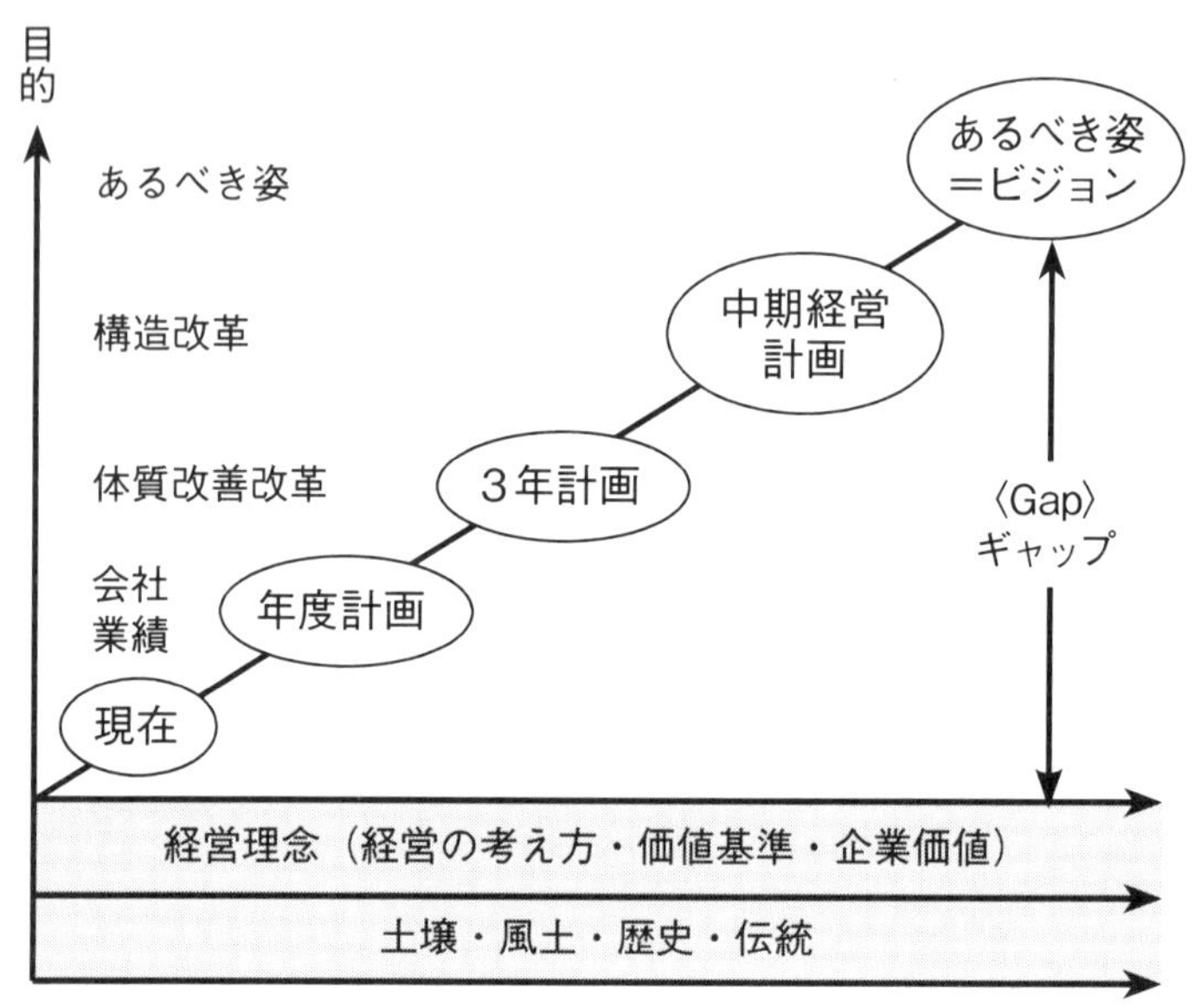

市場環境と自社現状のあり方

〈現在とあるべき姿〉のギャップ

①〈あるべき姿〉＝ビジョンと現状のギャップ

②具体的埋め方

(a)　売上

(b)　シェア

(c)　限界利益（率）／限界利益（額）

(d)　営業利益（率）

(e)　財務状況（現金流動性・資産状況・想定B/S作成）

「持続可能な発展社会」と、きわめて抽象的な表現で将来を見通すことの重要性を語られますが、20年・30年先は予測がかないません。

ビジョンとして描く将来像は、大まかな「こうありたい」でも「具体的に目に浮ぶ〝構想〟」の何れでもよいでしょう。

一般的には3〜5年であれば「中期経営目標・計画」として策定しますが、その先をデザインし、「事業・商品のあり方・サービスのあり方とその実現を通じて、会社としての体制や組織、やり方（仕組み）をどうするか」、の大ワクや骨子をまとめるのがよいと思われます。

例えば、

(1) 向かうべき市場領域は？

対象顧客＝市場とは、領域、即ち範囲、分野のことを指すが〈誰に、自社のどの強みで、何を提供するのか〉を明確にすることで〝市場〟が明確になります。

オーソドックスな領域の中の市場定義は次図の通り。

図表4 〈一般的な商品成長市場マトリックス〉

市場			
	新市場	新市場開拓	多 角 化
	既存市場	市 場 浸 透	新商品開発
		既存商品	新商品
		製品	

ビジネス（事業）の多角化は、環境と時代の変化により必然的。基本的な〈市場×商品〉の関係を示すのが上図です。

市場の製品を４つの象限に分けて商品ごとの分類により商品そのものの位置づけやライバルの有無・強弱を確認するために用います

市場領域設定する場合の留意点

①対象顧客（市場）が鮮明にイメージできる。
例えば「住まい全体に関わる環境産業」では対象とするお客さんが漠然としすぎ。
②顧客対象＝市場を広げすぎない。
対象を広げると汎用的ではあるけれど、自社の独自性を活かしにくくなる。
③また、反対に狭めすぎない。
そうしてしまうと、わが社商品とサービスの可能性と深みを失うことにつながる。
深みを商品力とするなら専門性＝戦う力になるのは言うまでもありませんが。
④「他にはない〈質×価格×品揃え×デザイン力〉を表わす企画力にらしさがある。
⑤業際とスキ間（例：大手は出られない）のニーズ開拓①〜④は自社の〈対象顧客×提供価値×独自の力（デザイン・クイック対応力）〉のコンセプトと合致する〈顧客＝市場〉を絞り、顧客開拓することであってもよいでしょう。

当然ですが、現事業対象の領域に関わる〝市場〟あるいはスキ間は最重要である基盤市場であることは言うまでもありません。市場は「わが社はこうあるべきだ」と限定しては開拓の巾は広がりません。

(2) 〝あるべき姿（ビジョン）〟と「現状」とのギャップをどう埋めるか

①売上について

〈3〜5年後を想定する場合〉

a 「何が問題で〈売上＝顧客満足度〉が上がらないのか？
「会社のイメージか？」「イメージをつくり出している営業担当、会社としての対応の仕方？ 、具体的には……？、何と何？」を詰めていく。
↓部門全体の共通認識とし、〝対応策の実践〟へともっていく。

b 商品力＝商品そのものの品質、品揃え、価格訴求力、全体としての企画力はどうか？
〝売上〟は会社としての「総合営業力」をそのまま表現しているのだから、自社の強み分析（反する弱み分析は自明であっても補正すべきは正すことが前提）をする。

②利益（率）について

a 限界利益（率）≒粗利に直接関係する仕入原価と付加価値分としての企画力を分析する。

もちろん、「利は元に在り」の大原則では「仕入原価」低減が必須ですが、管理会計上、固定費に組み込む人件費の意味、人件費は「会社の戦闘力」です。

損益分岐点を下げ所謂「腰低経営に徹する」ためにも、経費構造のリストラクチャー（構造改革）は不可欠です。

言うまでもありませんが、限界利益率の高低は本来の原価（コスト）にどれだけの価値を付加するか否かで決まります。

だから〝付加価値〟と称します。それは、原価にどれだけの〝値打ち〟を付加できるかということです。例えば他にない〈デザイン・品質・サービス・用途開発・稀少性・独自性〉の有無です。他にないデザイン、機能、用途開発は付加価値です。

③財務力と構造について

一朝一夕に改善は困難ですが、年商に近い借入金を8年で0にした会社（年商80億のメーカー）もあれば、同額以上の借財を抱えて、8年後に自己破産に至った会社もあります。

多額の借入金を返せる会社・減らない会社の何がどう違うのか、一番の違いは、社長自身が感じる悔しさ、情けなさがバネになり決意の堅さと徹底した行動力と継続力です。これはビジョンと言うより、まず今ヤルべきことであり、それが会社としての〝力〟になります。「一点集中突破」です。

後者のトップは土地バブル時代に生きた人で、商店街の不動産屋さんが持って来る土地を物色するのが大好き。レストラン20店をチェーン化していたのですが、みるみる遊休土地が増えていき、売上30億に対して28億の銀行借入。社長夫人は経理担当ですが、自転車操業で資金繰りは火の車。ボーボーと燃えさかる中を裸足で走り廻るような手の施しようのない情況でした。社長にも2人の子息にも「会社をこうしよう」との共通認識が欠落していました。

「今の情況から明日が見られない」「計算ができず、見栄と体裁では経営できない」は決して他人ごとではありません。

5年、10年と経営しておれば日々の数字から実態は判っています。今の延長線上で1年後の絵が描けなければ（その感覚がもてなければ）、経営者としての価値はなく、社員にとっての励みも甲斐もありません。

c〈（利益×1／2）＋償却額〉の範囲で投資許容の範囲を設定する位のシビアさがあれば安全運転です。この算式基準で経営と現場に関わっておればそれなりに結構の余裕資金が手許にあるはずです。（カネの出入りを堅く堅く予測し、キャッシュを溜める）

金融機関からの借入は、あくまで計画に基づくストーリーの中で活かされてこそ意味があります。日常使う運転資金を「借りられた」、なんて喜んでいるレベルでは明日はない。

この時代、1年以内、（サービス・小売なら3ヶ月以内）に現金収支がプラスに向かい、収益が黒字を示すだけの予測が立つような計算で経営判断すべき。

今日、明日の家賃・人件費用途の借入は禁じ手です。

〈事業に対する見方に楽観は禁物〉↓　目先の〝ヤルべきこと〟に全力。

①日々の試算表を必ず毎日チェック↓収益状況と資金繰り確認
②損益状態は事業所毎に毎朝、前日分をチェック（今は毎日入力さえすれば毎日毎時決算ができる）
③出店準備レベル〈ライバル、市場、自社対応力〉をパターン化し、丁寧に確認
④取引先である仕入先、納入者、金融関係者、時として同業者の情報を必ず入手

⑤履歴素性のよくない物件や、紹介者の見せかけの「親しさ」にのめり込んではいけない。食いものにされるケースもあります。
⑥小売やサービス業でよく気になり目につくのは顧客の普段着と同レベルの経営者の服装・言葉遣い、基本動作はビジネスへの心構えが足りない証しです。なぜか思い出すのは、大手スーパーD社創業者が、取り巻きと担当店長、責任者を引き連れて店巡回する時の傲慢さや大手私鉄創業者の二代目社長が、臨店時に系列ホテルで玄関から赤い自分用のカーペットを敷き詰めさせ、それを見ている女子社員が冷笑を浮かべていたことです。社員だからこそ、見苦しくて恥ずかしいのでしょう。直接目にしましたが「裸の王様」でした。

現場とビジョンもしくは長期計画で掲げる数値目標が違いすぎると、実施策はどうしても大まかで抽象的になってしまいます。先をめざすための基盤は「今」にしかありません。経済危機の想定と備えや考えも甘く、世界・日本の状況を目のあたりにしても危機感は乏しい。小売・サービス業で2ヶ月休めば（売上＝0）倒産・破産。全体にジワジワ・ドッと全体に波及していきます。「仕事、経営を休み止められる基盤は資金に根拠あってこそ。個人も会社も」です。

〈ビジョンづくりは『会社を変えるチャンス!』〉

「あるべき理想」と「現実」のギャップを埋める。「経営テーマ」は中期経営計画に基づく一年毎の進行度合いにより修正。

〈ポイント1〉

①←②←③

「選択と集中」は中期経営計画（3年単位）策定にはヒト・モノ・カネの効率運用のために不可欠な基本要件

同時に、時代の変わり目・第2創業期には「○○か△△か」の2択発想ではなく、「○○と△△」の複眼発想が不可欠。判断に余裕を持つこと。

その上でより〝現実〟に近づくべき〝理想〟の追求

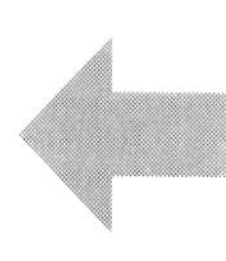

〈ポイント2〉　ビジョンを会社の力にするための「今後のあり方」

A　現状

〈時代背景〉

1、「時代の大きな変わり目にある」認識

2、日本型経営（終身雇用・年功給による企業内の同質化）の限界を越えている

3、モノづくり日本停滞、先端技術遅れ。大企業ができない雇用・報酬改革

B　今から以後

1、置かれた現実を直視、会社・自分の生き方に筋を通す（隷従しない意志力）

2、モノづくり優位性を活かした技術革新・企画力・サービスの独自性

3、大企業・元請のマネでない独自性がなければ「継続」はない

4、デジタルに関わるイノベーション活用と適応へ

A　現状

〈考え方〉

1、企業独自の理念が全社意思統一不完全

2、「継続」至上でリスク回避の保守思想

3、「判らない」と自社ビジョン策定を避ける、投資根拠をもてない

4、「経営者自身の志」が諦めで萎縮

5、理念に忠実で価値観に縛られ、同質的、共感的仲間意識の組織が心地よく刺激的でない

B　今から以後

1、「理念徹底」と併せて自由自立創造の若い異質に価値を

2、「利益極大至上」を今と今後に向け明確に押し出し求める

3、時代の変化を認識し、中長期的ビジョン（市場・わが社・強み分析）を、掲げる

4、試行錯誤繰り返し、社内改革項目列挙、実践へ

5、決め事をやり切るケジメと日頃の基本動作を徹底して実践

A　現状

〈マネジメント〉

1、意識無意識に関わらず「大企業・親会社がモデルであり隷従的」

2、仕事、ヒト、モノ、カネの全てに過去からの延長線上で考える、見る

3、経営のやり方、特に社員にとっての関心の核、報酬もまた右肩上がり時代と封建社会のままの「年功給」

4、仕事、現場も含めて経営者のリードでトップダウン意思決定（コミュニケーションは個別・全体共にトップダウンで実践へ）

B　今から以後

1、「中小企業だからこそ」の気概でヒトを変え会社を変える

2、具体的な経営のあり方として、「成果・能力給」で中堅・若手有能人材を導入戦力化

3、仕事をする「ヒト」をマネジメントしトップを核に衆知独裁型へ

4、個から組織へ（コミュニケーションはトップダウンを軸にボトムアップとの融合・調整・納得から実践へ）

「ソニー」の事例

創業時・1946年

創業時の価値観「ソニースピリッツ」

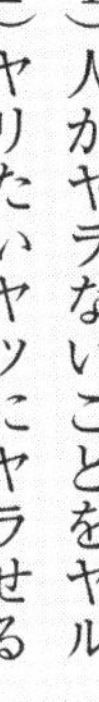

(1)人がヤラないことをヤル
(2)ヤリたいヤツにヤラせる
(3)言い出しっぺがヤル
(4)「若いヤツ」にチャンスを与える
(5)可能性に挑戦する

「行動指針」
(1)オープン(Open)
(2)シンプル(Simple)
(3)スピーディー(Speedy)

2020年時

2019・8ソニー行動規範
(1)経営の方向性
「想像力と技術力で世界を感動で満たす存在意義の下「人に近づく」
(2)ソニーグループ行動規範
「イノベーションと健全な活動により企業価値の向上を追求し社会発展に貢献することが社会的責任である」

社会
パートナー
株主
対話
取引先
顧客
社員

「価値観」の中の「行動指針」は「人を活かし、信じ、能力を拓き前進すること」をソニーの生命(いのち)としている。そして今(2020年)、事業活動を通じ、継続して社会における存在価値を生み出し、企業価値の向上を通じて、社会の発展に貢献する、とある。「心をつなぐ」がキーワード、と。

その原点は、

会社設立の目的=

①技術に喜びを感じ、社会的使命を自覚し、思い切り働く場をつくる

②日本の再建、文化向上のために技術、生産活動の活発化

③進歩した技術の国民生活への応用

経営方針=

①規模の拡大を追わず、経営の内容(利益・人材・技術)を実現

②技術の困難を歓迎し、社会的利用度の高いハイレベル技術品を求める

③実力本位、人格主義に立ち個人の技術を最大限に発揮する

このような〈理想〉を掲げながら〈今〉を生き残るために、〝和菓子〟〝粗雑な電気布団〟〝粗末な炊飯器〟をつくり、創業時期の資金繰りを「何でもヤって」過ごした。

私達が小・中学生のころ、東京通信工業の名でトランジスタラジオの宣伝が雑誌〝少年〟〝冒険王〟の裏表紙にあったのを想い出します。

創業時、東通工（東京通信工業→ソニー）では、初めから同志を集めるためと創業者２人が自らを励ますために、今、生活をするための思い付きにも見える和菓子や弱電機器までつくりました。『もがき苦しみつつ』も、『誇り高い理想』を掲げ、『技術を磨く、社会に価値を提供する』に向かいひたむきであったことは、歴史が教えてくれています。

「ソニーグループ」と社名変更し、従来の売り上げ構成の大半を占めた電気事業（パソコン・電池・テレビ等）を売却リストラ。２０２１年には全体の20％に。ゲーム30％音楽・映画で10％、金融18％半導体用のセンサー事業では世界一のシェアに。今後はＡＩとセンサー事業を金融に活かすとのことです。２０１２年、最大の赤字から引き継いだ前社長は、２０２１年１兆円黒字回復を果たし次代へ。現社長は「各事業の多様化と進化を」と話しています。（２０２１年3月27日毎日新聞）。２０２１年2月、ソニーのＥＶ車が発表され、7月には熊本で台湾のＴＳＭＣとの合弁で半導体工場を立ち上げる話が報道された。

多様性・多角化を強みに、そして可能性への挑戦との意でしょう。

言い古された**「選択と集中」（Ｏｒ）**から

「〝あれ〟と〝これ〟」（Ａｎｄ）から『これ！』へ

Ｊ・コリンズはこれを「ＯｒからＡｎｄへ」と表現しました。

（Ｊ・コリンズ『ビジョナリー・カンパニー』）

「アイリスオーヤマ」の事例

「ないと困るモノづくりにはスピードで対応」

仙台市に本社のある〝アイリスオーヤマ〟（創業者・大山健太郎会長）はアンチ〝選択と集中〟（Ｏｒ）戦略を打つ。３・11大震災時はＬＥＤ大増産を契機に10年後年間１０００億の家電売上を。そして２０２０年５月には従来中国で不織布マスクを販売していたが、国内産に切り替えて月間１億５千万枚生産するとのこと。

オーヤマのビジネス戦略は、

① 事業の幅を広げる。祖業のプラスチック製品をホームセンター向け化粧ケース、そしてガーデニング、ペット用品、そして２０２０年からマスクに参入した。販路は

アマゾン、楽天と直取引で、昨対比ネット販売50％アップ。
②情報収集力。商品の品揃えが豊富な問屋とメーカー機能のある取引先は２万社。こ
こからの情報を吸い上げて相応の商品投入。
③新商品の開発力。発売から３年以内の新商品比率は全体の60％越。毎週社長（会長
の子息）参加の開発会議で即決導入をする。
オーヤマの基本ポリシーは、
「強い会社とは消費者の『ないと困る』解決企業であれ」
モットーは「創業時代の〝スピード〟の維持」。
この可否がわが社の経営である、と述べています。（２０２０年5月2日日経）
このような考えかたに基づく経営のやり方は、決して思い付きではなく、「生き続ける
ため」に実践してきた必然の結果です。

キーワード
「ビジョンとは」

士気（ヤル気）づくりの源は〝目標（ビジョン）〟

6、管理会計から見る戦略発想・計数は現在を診て、今後を測る指針

(1)管理会計は「目的」に合わせて使う会計の仕組み

管理会計は文字通り「利益を管理する」「仕入単価をコントロールする」「ヒト、モノ、カネに係る固定費をマネジメントする」……。その結果、必要な売上高を確保するの意味になります。

算式を言葉で表わすと次の通りです。

図表5
コントロールと計算体系

〝利益〟をコントロールするために、
利益＝売上－仕入原価－経費　です

〝経費〟をコントロールするには、
経費＝売上－利益－仕入原価　です

要するに、必要な管理項目を管理するための算式を用いて、「利益、経費、仕入高（率）をコントロールするためには、売上はいくらでなければならないか」明確にし、経営上、打つべき手を「いつ、なにを、どのように」と計数上で判断基準を明らかにすることです。

法律上、定められたルールに則り、「事後結果を算出するのではなく、日々の経過の中で把握し、手を打つことがシンプルに可能であるのが管理会計の重要な役割です。

利益、経費の予算統制する上でもとても便利なツールです。

一昔前は、月次決算を〆後、半月でやることさえ結構な人的エネルギーを要しましたが、現在はＰＣ機材の進歩によりその日、その時間の段階における業績把握がその瞬間に出るようになりました。同様、資金繰りもまた、年度利益の進捗に合わせ、表化することができます。

管理会計の計算基準

①基本型

図表6　計算の基本形

No	項目	%	実数
1	売上高	100	100
2	△変動費	30	30
3	原材料		
4	その他		
5	限界利益	70	70
6	(≒)粗利		
7	△固定費	60	60
8	人件費		
9	償却費		
10	金利		
11	その他		
12	営業利益	10	10

（便宜上、売上を100として以下は%・実数共で表示、製造原価報告書がある場合は、その固定費、変動費を分解表示する）

ここでは、「損益計算パターン」のみの様式を用い、日々、月々の業績管理（マネジメント）に直接関わる〝実数・数値〟から管理（マネジメント）」する方法を述べます。

〝管理会計〟は法で定められたルールと手法に則った仕組みではありません。

あくまで〝マネジメント〟の手法ですから、財務会計のやり方を基盤としながらも、目的は「各々の会社（業種・業態・業界・業容に合った）独自のやり方で実践します。

〝損益計算〟に依り、業績把握をするためのマネジメントですから、必要に応じて「利益を上げるため」の管理は、〈経費をコントロールするための管理であり、時として、仕入原価や売上そのものを管理する方法〉としてでもよいことになります。

それは具体的に、

①損益分岐点売上高をマネジメントする（固定費制御による）
②原価管理する（仕入れのやり方や変動費のコントロール）
③人件費・設備・金利の固定費効率＝生産性管理
④収益性分析、売上高・限界利益（率）＝仕入原価のみなら〝粗利（率）〟の高低や企画力（社内の企画力、外注による企画、依存もある）測定

これらはとてもシンプルな指標ですが、大企業・中小零細企業を問わず活用できます。

前記図表5の基本型を用いて算式を簡単に加工しますと、次のような数式になります。

①売上１００で利益を10、とする場合のＰ／Ｌ

損益分岐点売上高（Break Even Point＝Ｂ・Ｅ・Ｐ）60／0.7≒86

図表７

売上→利益の流れ

売上高	100
△変動費	30
限界利益	70 （0.7）
△固定費	60
利益	10

①限界利益＝固定費なら、損益分岐点売上高86で収支は合う。

利益を10上げるためには100の売り上げを要する。

損益分岐点売上高

損益分岐点	86
△変動費	26
限界利益	60 （0.7）
△固定費	60
利益	0

損益分岐点売上高は損も利益もない売上高

②原価率

26／86＝0.3　低原価率であることは、低廉な仕入コストであり、固定費でまかなう企画力により付加価値をつけて高く売り上げていることを示す。

アウトドア商品・作業用商品のワークマンはＦＣ展開による低固定費化と50％超のＰＢ

商品による高限界利益率で損益分岐点は42%（２０２０・8時点）。

ＦＣ本部として加盟店増によるロイヤリティ収入だけでなく、低固定費と高限利率商品により、加盟店共に高収益を実現する源になっています。

レストランなら「美味しいものをお値打ちに、心地よく」、物販なら「美しく、値ごろで丈夫」が経営の原点。

私の場合は損益分岐点操業度は50%を想定し、売上が半分になってもやっていけるように＝クライアントに厳しい事を言うことによる外部コンサルとしての価値を大切に考えていました。社長様、クライアント様、部長様、を連発するコンサル……物乞いじゃあるまいし……と情けなくなります。コンサルが契約書を交わすのはダラダラ関係を断つためです。契約書を敢えて交わさないコンサルには要注意です。

管理会計は会計の処理方法とやり方は管理技術であるけれども、「経営のやり方に対する思想・信条である」、と言うことです。

なぜ、この話かと申しますと、私が主宰してきたコンサル会社のマネジメントはよく冗談めかしてからかわれましたが、要するにストックのないフローのみの底の浅いビジネスです。だから、一見どのように企業の経営計数が複雑に見えるようでも、とてもシンプルな自分のファームにあてはめればクライアントへのシンプルモデルになり得ます。

大規模企業であっても、経営のやり方の根本は〈個人であり零細企業、それも明日をも知れない名ばかりの会社と同じである〉ことを実体験していたからです。

２０２０年春先から世界に及ぶ疫菌コロナ等、対処の第一は万一への〝心づもり〟と、それが可能な財務の備えです。財務上の心づもりは売上を保つこと、利益を溜め込むことの実現です。

だから「管理会計」は〝心づもり〟を形・数字に置き換える、それは「目標に向けての計画と対応策づくり」の具現化でもあります。

(2) 管理会計の機能（はたらき）・将来戦略と計画策定

計数管理の支柱（今を支え明日を考える）は、より実態に近い管理会計上の〝中期経営計画〟にある。

中期経営計画の役割

①経営戦略の計数化されたもの
②抽象的な戦略表現を誰にでも理解し易くしたもの
③月々、日々の目標管理の案内役
④組織間部門間、人の間でのコミュニケーションツール

では〝戦略〟と口に出すその内容は何か？

〈戦略のアウト・ライン〉　自社独自の事業領域をもつ

昔ながらの自社独自の方法、方式で販売・供給する商品であれ、サービスであれ、ネット空間でのビジネスが、有形空間をいかに無力化しつつあるか、また、全世界に及ぶ波及力は想像もつかなかった域に至るという現実。どのような市場規模で、どのような技術、サービスが世に出て、消えるのか、この先を予測し尽すのは困難です。

しかし、現在のビジネスの柱と領域に関わる中から先見の芽は必ず存在します。

自社独自の「今、存在している価値」が基盤となり、管理会計に顕れるヒントから導き出されていきます。

図表7　モノづくりから消費者価格への付加価値工夫
業態別・粗利（率）≒限界利益（率）≒付加価値割合

業態（機能）		機能と標準的粗利率≒付加価値（率）
①小　売	販売上代 430円 (1.0) / 280円	〈販売マージン〉 0.35
②卸（商社）	223円 (0.50)	〈仲介金融マージン〉 0.20
③卸（物流）	178円 (0.40)	〈物流＋αマージン〉 0.20
④メーカー	125円 (0.30)	〈2次加工＋ブランド料〉 0.20
⑤下　請	100円 製造原価 (0.23)	〈1次加工〉 0.20

① 上表の通り「小売り段階での売値は製造原価の約4.3倍」はごく一般的
② （　）内は小売を1.00に対する各段階の割合を示す
③ 下段の売値が上段の仕入れ値となる。例えば、製造メーカーへの下請けからの売値は125円でイコール製造メーカーの仕入れ値となる
④ 業態別付加価値率≒限界利益率は右端欄数値に仮定
⑤ 業態①～⑤間のステップ省略により小売上代は下がる
上記は有店舗における数値ですが、ネット取引となれば、中間マージン（卸・商社）を省くことで当然売価が下がります。

すなわち有店舗なら①小売価は430円
ネットなら②が小売価となり223円にもなり得ます。
(但し、ネット販売では、手数料・送料を必要としここまでは下がりません)

参考『管理会計のポイント』宮田八郎（TKC出版）を応用作成

(3)戦略的発想の根拠

〝戦略〟を立て、〝戦術〟に具体化し〝戦闘〟に至るその各々を支えるのは管理会計による計数管理にある。

資金繰りは人体で例えれば血液、昔、私の在籍した機械メーカーの経理部長が会社更生法適用申請時に発した言葉、「経営者は試算表ぐらいは読めて、世間の常識は知らないと……」、この言葉は今も忘れない。

数字は経営のすべてを表わしている（嘘やごまかしがなければ……）のです。

「〝戦略〟を考えるには、裏付け情報、環境変化への適応と先取りがポイント」

私達が実感するのは人口減少とそれに伴う労働力高齢化、外国人の増加、高額年金受給者、高所得者と低額受給者・低所得者層の完全な２極分化です。

例えば私が研修で関係していた子供服業界。業界草創期であった40年程前は「とにかく子供の着る服がない」を原点に高価格帯の商品が企画され、それも必要に迫られた急場しのぎの大人のファッションを子供化し、大ヒット。もちろん、価格は高価格帯。高度経済成長期に入ると次から次へと好機に乗じてメーカー乱立。ユニクロが年齢層を下げて子供服に進出、ディオールクラスの外国ブランドブランド、に中低価格帯でアメリカンブランド・ギャップの参入、次に大人の超低価品専門メーカーが980円／1着でのプライスで子供服に参入。ここ20年の乱戦下、子供服メーカーI社は中途半端になりつつある自社ブランドの苦戦で年商120億から尻下りの滑落、名のあるブランドの凋落、その間に超安値ブランドの勃興と隆盛。

反して高価格帯を狙ったブランドメーカーは低価メーカーに比べ10倍もの単価であってもヒット。ディスプレイ、陳列も立体的で色柄形は当然ながら材質も明らかにレベルが違うありよう。結果、低価、高価の2極分化したメーカーは各々が残り、中途半端なところはすべてが淘汰され始め今に至っている。I社は市場の見極めが遅れモノづくり、販促に有効な手を打ててなかった。このような時に、本当の力が顕われます。

この事例は、全体的な経済環境の変化は、所得層を大きく2極分化させ更に少子化による全体の需要人口の減少はビジネス環境への対応戦略がいかに大切かを示します。

戦略的発想と判断とは、「時代の流れと経済環境から市場（消費者）の動向を見極め、合理的に全体を見る総合判断力と経験に根ざすカン（＝感性・直感力）と度胸（判断・決断力）」です。

「情報は力」

〈内部対応力〉〝月次決算〟〝先行管理の確実性、速度、タイミング〟〈外部情報力〉〝ライバル、取引先情報、メーカーの状態、自社営業、部門、製造部門から入手できる情報は、自社内のシステムとコミュニケーション力＝信頼関係が大きく関係してくるものです。

通常、経営トップ自身がもつ情報力は社員の遠く及ばない、深くて広いもの。社長が社員に対して「相、報、連をしっかりやるように」と常々言う理由の一つは双方の信頼関係と情報の重みに対する理解基準が異なる場合が多いのです。社員が何気なく、サラッと口にした内容にトップが驚いて慌てる、と言う風にです。

〝市場環境の変化〟〝ライバルの動向〟自社の持ち味＝武器が自社の強みに磨きをかけていくのです。

ただ言えることは、どのような商品・サービスであれ、他社に類をみないレベルにまで達するなら新規得意先の開拓、新規用途開発にも、他社の機能製品を併せて加え、新しい商品企画に至ることは充分に考えられます。

自社独自の事業領域、付加価値創り、生産の効率化……等の工場技術は当然、自社独自の企業力を磨き上げていくベースです。

自社独自の企業力とは一日一日、一つひとつの仕事とその蓄積によってつくられていくものであり、よく観察すればそれが「自社独自の特徴」になっているのです。

それは

『自社の強みを徹底して磨きさらに強くすることで経営基盤をさらに強く補強する』ことにより他に対し圧倒的な力をつけることが、↓「独自ノウハウの構築」と「ビジネス領域を築く」につながる＝独自商品の開発

ビジョン設定する場合のポイント

例えば、

〈現在の経営環境・現象〉

①出生率低下、人口減少

②労働人口減少、外国からの移入

③所得層の２極分化

④デジタル関連のモノづくりは東アジアへ。デジタル先進技術は中、台、韓への集積化と活用

⑤恐怖の伝染病ウイルスの顕在化。一見〝伝染病〟と無関係に見えるが、政策「強国政策」で中国が世界経済に及ぼす影響と、ここから派生する問題は日本を含む全世界に

及ぶ。この非民主国家的全体主義の存在は、私たちにとって世界にとって大きな脅威・リスクです。

⑷ビジョン設定とリーダーの力

〈ビジョン設定〉

①経済環境変化への対応と経験に基づく洞察力と判断力

〝経験、それも成功体験のみ〟で楽観的にすぎれば判断を誤る。環境分析のみで明日を予測することは難しいことです。

できる限り判断のための〝前提条件〟を設け、できるだけのリスクをヘッジしながらも是非判断をし、実践する時の〝決断〟段階で再度判断するしかありません。

〝前提条件〟とは、「市場の動き、ライバル動向、経済動向と経営環境、内部情報として損益・財務・体制・組織・取引先との関係」

②市場の〈成熟→熟成→衰退〉サイクルへ。

商品の単体としてのライフサイクル同様に市場全体としての需給状況にも同じサイクル（寿命）は通用します。

有形、無形、ハード、ソフトと表現は異なりますが〈商品力＝限界利益額（率）〉の大小でコストにどれだけの付加価値を加えることができるか、とても重要なポイントです。

独自性とは言いますが、視野・視点と目のつけどころ、そして各々の現場で鍛えられた地頭（じあたま）です。

競争力は日々劣化していきますが、高商品力＝高限界利益率を求めて企画力を磨くのは経営力。

しかし、衣食住に直接関わる、所謂、実用品（代表的な米麦他）は限界利益率は低くとも人々の日常生活そのものを会社の商品として提供できることに大きな意味があります。有事に、「最後は一次産業が強いし重要だ」と改めて実感します。

当然ですが、一般的な商品であれば〈安い・安全・便利〉と〃価格×機能〃面だけなら内外ライバルは多いはず。

だからこそ〈品質×安全×機能×価格×品揃え〉にプラスαを独自企画する工夫が、スキ間を埋め、独自性をもたすことにつながります。

商品のライフサイクル、市場自体の盛衰サイクルにあてはまらない「他にない何か」を創り出すのです、それは普遍性であり特異性でもあるはずです。抽象的な話を繰り返し展開しているようですが、個々のビジネスについて考えるきっかけにはなると考えます。

③競合間のライバル格差拡大

「市場規模」は、ＩＴ技術を駆使したゲームソフトのような商品やサービスなら、机上で若者が開発している情況が目に浮かびます。正にゼロからの創造力が企業と社会に一瞬の活力を呼び起こします。

しかし、ここで言う「市場」とは、人々の日常生活に密着した衣食住に密着する実用、実利商品です。この市場は、日々激烈な戦いにさらされ、「同じ価格ならより安く、安全で堅固、かつバラエティに富む」と言うぜいたくさは日本というエリアであるからこその商品開発です。

衰退し消えていく店・会社を見て下さい。一体、何が、どこがおかしくなったのでしょうか。隣のお店を、あそこの全国、地域チェーン店をもう一度、しっかりと観察すれば自戒すべき何かが見えてきませんか。

一昔前は、見るもまぶしかった創業100年、200年の店が会社が、消えていく原因は各々異なるでしょう。「巨大ライバル等の寡占化が進む中で弱小が消えていく」のは自然現象。

弱小ライバルが消えていく理由は必ずあります。退場していく現象は、残る人にとってのチャンス。市場（消費者）の100人中100人が、強大なS・Cや会社に吸収されることはあり得ません。「100人中のあり得ない2人3人を魅きつける〝力〟」で新しい市場を生み出すのです。それは大手と大手の中にできるスキ間でもあるのです。その蟻の一穴が突破口になり得ます。

〈ビジョン設定のステップ〉

①市場の変化を過去分析する。（絶対値と傾向値）

市場と言っても「世界、地球、日本、地政学的エリア、貿易協定エリア、圏内地域↓日本全体、都道府県、市町村、業界、関連業界」と様々です。

自社の立つ位置を考えるとき、不特定の業界、業種、エリア設定が錯綜し、入り混じって存在することは大いにあり得ることです。このような市場を考えるだけでも、従来の発想とは異なった市場の捉え方が出てきます。業際がなくなって久しいのです。

流れを見るために、時系列内にここ10年と30年に〈世界・日本・今までの業界・わが社の出来ごと〉を羅列していく。併せて自社の社会における存在価値の証明である〝売上高〟と〝人員数〟を、自社の創造・工夫の結果である〝売上・利益額〟と併記するとよいでしょう。

思いつくまま記入していき、「経営のヒント」として一言表現しても意味があります。

前記の数字・数値はシンプルにグラフで表わすと見やすい（実数は棒グラフで、累計を折れ線グラフ）。たくさんのカラーを用いて、ビジュアル表現とは言うものの、作成者の自己満足は反って他の人にとっては見にくくて迷惑です。

要するに「市場の動き、変化、推移が解る（判る、分る）ことがビジョンの設定にはとても大切。

競合相手（ライバル）の弱みの徹底分析

自社より強い者（社）の〝強み〟を気にするよりも〝弱み〟をとことん衝くのです。

相手の強みは今さらつっこまなくても、自明の理なのですから。

負けるケンカは初めっからヤラない。戦うことなく勝つ、中国の先人の称える生きるための知恵です。

長い歴史を持つ会社、100年200年続いたから、今も続いている訳ではなく、その日一日一日の歴史をつくり踏みしめてきた先人、先祖が在ってこそ。

創業30年50年で消えていく会社は少なくありません。殊に、昨今は「後継者がいない」と廃業・解散する会社は年間約4～5万社、その従業員は14万人（2019年）。

惜しいことです。今まで生き残ってきた事実こそが存在価値であり、その価値を自社の強みとして再認識する中で継続してほしいものです。

M&Aで他社を併合するのも〈ソロバン・意志・人間性〉が基軸。

規模の拡大により仕入値を下げることは必至の戦略。

W社の事例・M&A（吸収合併）時、赤字チェーン30店舗の会社を併合するために、銀行接渉により借入金は80%カットし代替返済（例えば借入金40億なら32億カット）。本来なら破産し、借財を負うべきオーナーには名目は〝のれん代〟として2億払い円満吸収合併。W社長の胆力、度胸、度量、状況判断のバランス、もちろんビジネス戦略が基本であるにしても本来の資質と現場で磨きぬいた器と英知には感じ入ります。

中小企業経営者が倒産・破産をかけるのに第三者が「潰すなら計画的に」と言うのは現実には、かなり難しいもの。最後の最期まであがき苦しみ悶絶する。苦しみに胸かきむしるもの。

しかし結果として、自己破産する人を、支援するもよし、法的処理する中でM&Aもよし。「シェアをとろう」「規模のメリットを大きくする」のなら、その目的に沿った〝自社化〟即ち吸収合併が不可欠です。シェアをとることは一般消費財ビジネスでは進むべき王道なのですから。

②自社の強みを確認し、ライバルの弱点を自社の強みへと補強する。

30年50年それ以上の歳月をかけて会社が存在してきた歴史・伝統には一貫した特徴と支える体制・やり方があったはずです。

何気なく今日も昨日と同じように過ごしていたことがあるやも知れませんが、ボンヤリと無為な日を過ごしての今ではないはずです。

〝その道一筋〟の実績・実力から他（多）事業展開への分岐点とそこからのプロセス分析

昔風に言えば〈米の集荷屋↓米屋（米倉）↓糀(こうじ)屋↓酒屋（蔵）へ〉と変化転進、事業転換、多様化へと脱皮変化を遂げるのは大変ですが、自然な事業展開です。

あくまでも本来のビジネスで何十年何百年と地道に培った、信用、実績がその経営基盤になっています。

新しい時代に新しいこととは言っても歴史伝統に根ざした信用を基盤に新しい人によって環境に順応していくものなのです。新しいことや考えが突拍子もないところから生まれてくるものではありません。〝信用〟も含めてすべてが過去との関わり方の中でアイデア、実践力は培われ、市場の求めるモノ・サービスがところてんのように押し出されてくるものです。

思いつきや気まぐれから生まれることも、時にはありますが、昼夜を問わず考えて考えて、考え抜いてこそ生まれ育まれてくるものだと思います。

コストコントロール（克服力）と他との差

〝コスト〟とは一つひとつのパーツを求められる仕様に合わせるだけではなく、関連する他の部品とのバランスの上に立ってこそのコストです。求める相手に合わせるだけでなく「合計の中の個」としての捉え方をしますと、相手の求める、「全体の中の個」であり、表現を変えれば市場がわが社に求めるコストでもあるのです。

コストはあくまで、「効用価値、即ち数値＝〈産出／投入〉で測りますが、実はこの「効用」が曲者です。日本では過剰品質、と言う言葉がよく使われました。一定の耐用期間さえすぎればそれ以上耐える品質は不要である、と言うのですが、世界の各地で「この日本車は買って20年だぞ、10年なんて新品同様だ、このバン、可愛い奴」と言われる位、〝メイド・イン・ジャパン、メイド・バイ・ジャパン〟のブランド力、正しくこれこそが、真のブランド力（＝信用）です。欧米の田舎道で東南アジア、アフリカの悪路を走る日本車は、私達にとっても誇りです。

効用価値の基準は一定ではありませんが、「価値は満足度で決まる」とするなら、世界標準に準拠する以上の自社基準は、「経済性とブランド（信用）力のバランス」であるとするのが経営哲学でしょう。

要するに「市場（顧客）から求められる〈品質・価格・品揃え〉とライバル社の情況を横目で見ながらコストをコントロールする〝目効き〟と〝仕組み〟と〝自社開発力の余裕〟、即ち、「損益分岐点の低さ」経営です。しかし、あくまでも品質こそが生命線です。

小廻りの効かし方は「生きる知恵」

「小廻り」は「要領」ではありません。10あるプロセスを5で仕上げる……7でまとめる……となれば〝10〟ヤル内の5、3のステップを省くことによって、その時に気がつく大切なことを忘れがちになります。「遠廻りは近道」です。

「目的」を見失うことなく、その時その時にヤルべきことに手を抜かずやり切ること、それは、日々その瞬間に一生懸命やっておればフト気がつき、今ヤルべきことが見えてくるのです。

「生きる知恵」は小賢しいことではなく、ヤルべきことを当たり前にヤリ切る！　ことなのです。人生、ムダなことは何一つありません。一見すると遠回りであっても決してそうではなく、その時その瞬間に思いつく「ヤルべきこと」とは常日頃から考えているからこそ頭に思い浮ぶのです。そのようなビジネスパーソンであり会社であるための今の自分の仕事、わが社のビジネスです。

〈リーダーシップ〝力〟の差〉

企業規模が年商30～50億を越え、従業員が２００人越える、となれば伸びる会社と停滞する会社に分かれます。

「文鎮型組織で会社内すべての仕事を社長一人が集中して担当する」事の良し悪しではなく、必然的にそうなっていくのです。

三チャン経営、父チャン、母チャン、○○チャンの３人で仕事を始め、どんなことでも３人が相談し、助け合い、文字通り〝家族経営〟であった創業期。そしてオヤジさんが50歳、60歳になった頃には社員も10人20人と増えてはくるが、やり方はやはり、〈仕入・販売・施工・完成……〉のすべての工程を一人でやり遂げる。ただお金の計算だけは奥さんの担当。

そうやって会社の歴史は30年40年と刻んではきたものの売上は、やはり10億／年に止まっている。「どうしてか？」、原因の一つは「委(ま)かさない」から。

会社は２人居れば必ず組織ができる。できると言うよりは、規模が大きくなれば、必然的に仕事を委せ分担していかないと会社として機能していかないからです。

「委かす」からには担当者間のコミュニケーションが不可欠です。コミュニケーションは心の交流です。「心の交流」とは信じ合う者同志が「目標」を共有し、その達成のために方法、やり方、順序を共通認識し結果を確認し合うことです。委かし合い〈相・報・連〉のキャッチボールが互いの信頼関係を強固にしていきます。

トップ一人にすべてが集中し仕事を囲ってしまうと、他人がそこからはみ出て発言行動することが許されません。はみ出ることとは〝異質〟〝反動〟〝反体制〟なのです。そこから生み出される不信の連鎖は人々の気持を腐らせてしまいます。

そうです、伸びる会社（解りやすく言えば売上高が伸び、またそれにしたがい人的レベルも上り、育ち、技術力も上がっていく）は〝委かす〟組織力で伸びていくのです。

そう、全体主義国家が異質の存在を嫌うように一風変わった社員の存在が許されなくなれば革新の気風は失せ、イノベーション（革新）は生まれません。怖いのは、経営者が自分に合わない人を遠ざければ、その合わないと思う人の周囲の人までもが経営者に合わせ同調してしまうことです。

リーダーの資質・能力を含む器は10億／年までと50億／年、１００億／年以上、とでは根本的に異なります。

リーダー一人の力に依存するか、リーダーの力を基に理念哲学として全社員に教化し、会社の行くべき先々もそこへの方法やり方も全社員の意思統一を図っていくのか？　すなわち、組織の力にするのか？　この場合のリーダーの力とは直接的に自らがすべての仕事を直接みるのとは異なり、〈理念・哲学→ビジョン→計数管理制度〉に連なる管理会計の活用によって組織としても力にしようとの意図の具現化です。

中小企業の経営トップの共通点は〈情熱・執念・熱意・気迫・探究心・挑戦心そして・強さ〉、その組織化のためのツールが管理会計です。

キーワード

「管理会計と使い方」

財務会計基盤に〝目的〟に合った
損益・資産のマネジメントのコアは〝人〟

7、マネジメントサイクルの廻し方「目標・計画からすべてが始まる」

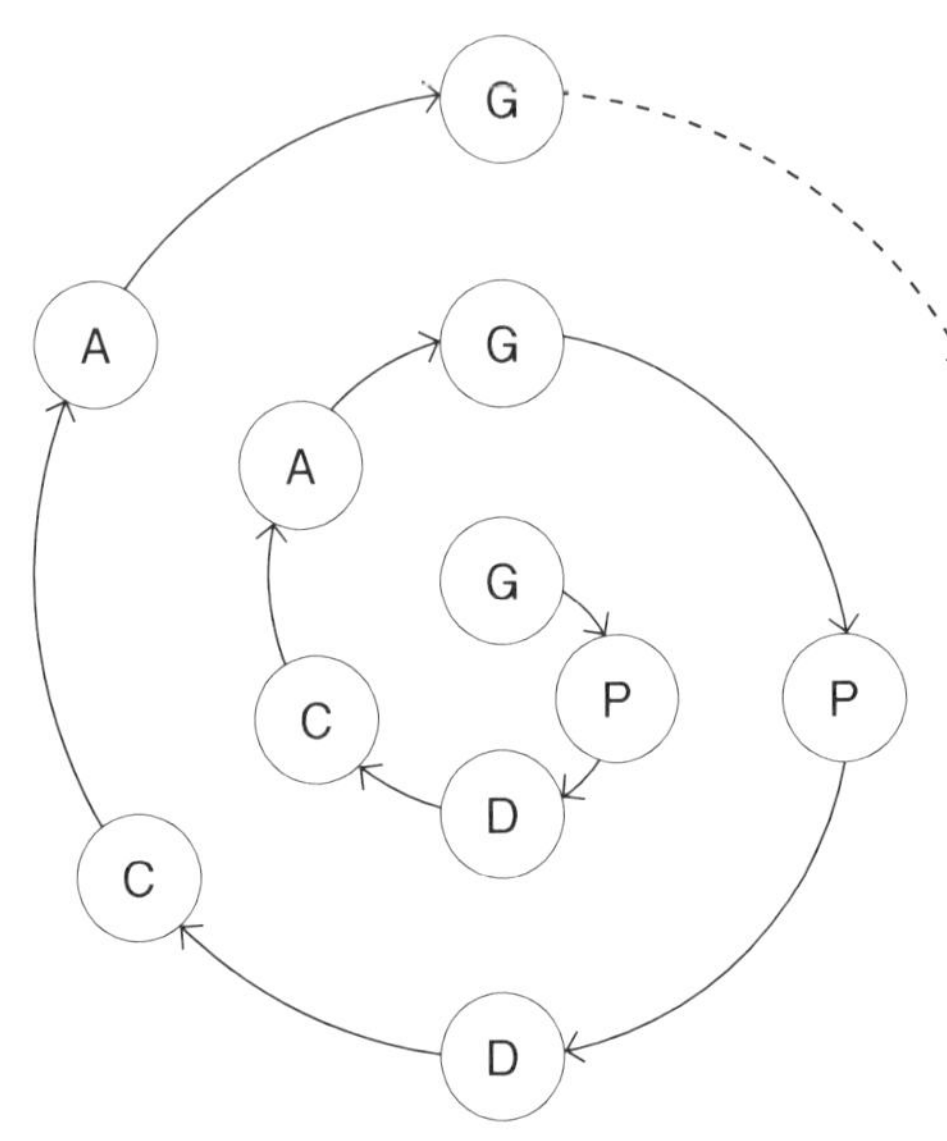

図9　〈G・P・D・C・Aの全体イメージ〉

廻るにつれて全体が〈質・量〉ともにスケールアップする
私はPDCAにG（ゴール・目標）をいれていますが、他の書籍・テキストには入っていません。当たり前すぎるのか、気が付かないのか……。必ずGが要ります。

マネジメントを「管理」のニュアンスで上からの目線で現場に指示・命令する、かのような印象を受けます。何度も言いますが、経営そのものは全て現場が主人公です。〝成果〟の有無は、経営に関わるすべての現場の動き方＝実践力にかかっています。

実践、と言っても、目標もなく、むやみやたらにただ動き廻ることではなく、全社が一体となって「ヤルべきこと、実現すべきこと」のために動くことです。

（1）G→P→D→C→Aから次のG→P→D→C→Aへ

要するにマネジメントとは目標を掲げ、その実現のために全構成員（全社員）が共通の価値基準の下、意思統一し、各々の仕事を分担することであり、その仕事の進捗を〈G→P→D→C→A〉のサイクルの中で実現していくことです。

経営＝現場での実践が〝目標〟への到達成果に結びつくのですから、組織＝仕事の分担（職務の分担）を明らかにすれば、全社、全組織があたかも「一つの体」の様に動かなければなりません。

そうです、人体同様に〈頭・骨格・筋肉・内臓・神経〉が、各々の役割に応じた仕事を全うすることにより体全体が一つになり機能（はたらき）します。各部分は互いが無意識の内に自然に〝反応〟するのは、関係する部分と部分による無意識のコミュニケーションが働く訳です。考えるに、人間の体が生きるために機能する細胞からなる血液・臓器能力の凄さと神秘の世界には驚きます。

会社も存在し続ける（生き続けるため）には〈考える力（思考力）・動かす力（動力）・働かす力（機能力）〉とその源となる〈知力・体力〉があり、全体が一つになるための〈意思統一〉、根本は〈経営理念・会社のビジョン・計数マネジメントの仕組み〉が根幹になければなりません。

以上が形（仕組み）として存在し、具体的に日々、運用されることを〝経営管理〟と称します。具体的には〈G（目標）↓P（計画）↓D（実践）↓C（確認）↓A（次への改善）〉の流れに沿いビジネスが廻っていきます。

G＝Goal〈目標〉

「目標」は計画（P）の前段階として必ず設定されなければなりません。

「目標」はメンバー全員にとってはもちろん、リーダーにとっても、自分とメンバーの士気を高めるための大きな旗印です。「目標」が無いか不明確なままで計画だけ、それも「数字」とそのための実行計画・具体策・期日が毎年、同じような内容と形式で書かれている例は少なくありません。

「目標」には「計数と非計数」「全社方針・目標、部門方針・目標、個人目標」があります。不思議なことに、冊子になり形は美しく整い素晴しい仕上りですが〈P↓D↓C↓Aの結果〉が現実とかけ離れている場合が多いのです。

会社によっては全社員どころか、主要取引先を招待しての一大セレモニーであるケースもあります。ライバルに知られたくないこともあろうにと、懸念されることもあります。

計画そのものがPなのだと言われても、Pの前に解りやすいGが不可欠です。「目標」＝GがPDCAサイクルに無いのがおかしいとは誰も思わないのでしょうか。『計画未達』が多いのは「G」の設定がいいかげんで重要視されていないからでしょう。ビジネス・サイクル（PDCA）に関するハウツウ書籍はたくさん市販されていますがポイントがズレているのが大半。重要なことは、「目標＝G」は、限りなく『わが社の将来は？　市場規模とライバルは？』『強みを活かす商品力・サービス力・技術力は？』『社内の対応力＝開発力・マネジメント力は？』……と密接に関わっているから、現状が明確に把握されていてこそのG設定でなければならないこと。

全社目標は、経営トップを含む経営担当者が発信すべき〝会社としての目標〟です。その「目標の核（コア）」を真剣に考えることなく、毎年毎年行事のように前期（前年）比の数字（数値）目標で終らせているようなら職務怠慢です。

目標達成の根拠は、経営現場にあります。

経営現場とは具体的に、モノづくり、営業、開発現場であり、同時に日々進展、変化している市場の情況です。可能な限り現状把握と市場の状況・ライバルの動きと情報を把握したうえでの目標設定です。

経営者の仕事は〈判断・決断・実践〉の陣頭にあり、実行することです。計数・非計数を問わず、目標の設定はシンプルに徹します。目標設定は会社のビジョンとも関わり、ビジョンは顧客（市場）開拓と会社の経営体制や体質構造に大きく関わってきます。

自らが戦いの先陣に立ち、端緒を拓くのです。

〈仕事・組織・マネジメントサイクル〉はすべてがつながっています。

P＝Plan〈計画〉

「計画」は文字通りはか計りごとですが図る、企るにも通じます。

明日のことは誰にも予測できないからこそ、考えられる前提条件をつけて予想前提条件付の〝策定〟に結び付けなければなりません。

Gが定まればPはサイクルの基盤です。ここはもっとも重要なところ。

前年対比、ライバルとのシェア関係、商品構成比、競合比、循環サイクルを参考に自社の〝中期経営計画〟〝年度利益計画〟長期ビジョンに根拠を置き〈数値〉〈数字〉〈政策・具体策〉〈月計画・4半期計画〉に基き、現場各々のあるべき進捗状況とあわせ策定することです。

大切なことは「成果として実現すべき数字」だから、計画づくり、進捗過程でも組織各セクションとのコミュニケーション、連携が重要です。

一番のポイントは「計上すべき営業利益の額（率）」です。

売上も経費も営業収入を上げるための活動に依って計上したもののみです。

最終〝営業利益〟に至る消費経費には根拠が要りますが、例えば交際費などは「政策的に必要である」ものに限定されなければなりません。

〝政策〟とは〝ゴール〟に至るまでの実行すべき事項のことです。例えば必要繰越利益額、必要備蓄利益、投資計画、株主配当額（率）、社員成果配分源資、なかには臨時出費の開発費等を想定した上で「目標営業利益」を計上し、そこをスタート地点として、所要経費、特に固定費の政策的施策（例えば人員増減）と内容、外部取引の中で算出される原材料費や仕入原価もまた、同様施策あってこその算出作業になります。

ここは直接営業部門や社内生産部門との関わりの中で決められていきますから、経営トップ陣を入れての摺り合わせは不可欠です。

D＝Do〈実行〉

「実行」の段階は会社としての真価、各現場の迷いのない実行力が問われるところです。

俗に言う、「言うは易く行いは難し」。10社ある内の８割方はあらかじめ想定できる対策との比較の中で計画を策定し、そこから出てくる数値について、普通、営業担当の部門長は「今年はうまくいきましたが来年は厳しいです」と厳しめに言います。根拠もなく、「来年も大丈夫」と言うのは論外としてあえてリスクをはらない社長ならできない時の言い訳と知りつつ「安全第一の予測」（自身の必要想定利益であれば）に肯きます。

叩き上げのオーナー社長はここが違います。例えば商品企画や仕入業務の現場を自ら知るトップは、「撃つ玉（商品アイテム・やり方）があるんだから……」「稼ぐ現場（つくる、売る）があるんだから」と根拠をもって大胆な売上予測をします。過去のデータに捉われない「志」・ヤル気があるから、に尽きます。

担当のリーダー（部門長）は直接担当マネージャーに指示、確認、フォローすることで現場は安心して遂行業務に専念できます。当然その根拠は〈P〉計画づくりで作り上げた〝策〟と〝数字〟です。「実行」する段階であらかじめ「計画」された時の情況と異なる状況に陥っていることは少なくありません。大なり小なり「計画」時とは異なるケースにあることとの方が多いでしょう。営業部門の最前線の現状に合わせて調整していくのですが、この時こそ、日頃の関連部門とのコミュニケーション＝信頼関係が、時々の〝報・連・相〟に基き円滑な流れに復元させてくれます。

「日頃が大切」「皆で一つ」……はこんなところや場面で実感させてくれるものです。

コンサルの修業時代に〝先行予測管理〟を学び・実践しましたが、手間ばかり要し・煩雑すぎた覚えがあります。頭で考えるコンサルの陥るところ。先を予測した行動ができるのは日頃から責任に応じた情報を持つからです。

「実行」段階の担当者は皆が皆、プロフェッショナル、専門家としての強烈なプライドと「会社を支えている」と言う使命感がありますから、一人ひとりは根拠のある胸算用をしています。

「実行」の段階は、経営活動の肝心要め、会社のすべての機能はここに集約され、結果を生み出していくのです。

C＝Check〈確認〉

チェックと言う言葉は「管理」と同様に好きな言葉ではありませんが「確認」と言うなら「人は誤ちを犯すものだ」と言う慣性法則に則り、極めて人間的な言葉です。

人命に関わる「安全」面で言うなら、列車、自動車の〝安全確認〟を指すのと同義語であるとも言えます。指差確認は、指を用いて確認個所を自らが指差しし、確認をするのですが、これは、「覚えている」頭、「意識している」頭脳に、自分の手を用いて形に表わし頭＝脳と連同させてチェックすることです。

ＡＩ機器の活用により多くの人手間を省くことができ、さらに進化します。しかし、人間と言う不確かな生きもの、意識するしない、と言った脳活動、行動パターンをもつ者が生きていくための知恵として「確認行為」を発明したのです。

また、「確認」のステップは見違えることはないであろうＡＩ機器とは異なり、手作業だからこそ次の工程・段取りへの既存工程作業の修・訂正、改善に直結することにつながるのです。

「確認」の段階は、流れ作業（事務もまた、流れ作業の中の仕事）の一つではありません。じっくり「確認する時間と心の余裕をもつ」か「単純確認で済ませる工程にする」でなければ気が散って形だけの単なる作業です。

統計をとることにより「品質のバラつきや不良品の傾向」を図表化し、自社ＱＣマネジメント、顧客への改善提案に直接結びつく活動になり得ます。ただ、ここでも強調しておきたいことは、「何のための仕事か、何をどうして誰がどのように誰に（どこに）供するのか、私は何の仕事をして役割は何なのか……」を明確に意識できていなければなりません。

強烈に頭に叩きこむべきは「私はこの道のプロ」「これでサラリーを得ている」と云う意識です。たとえ雇用形態（正か非正規か）がどうあれです。

A ＝Action〈改善〉

〝アクション〟のAですが、次の段階、Gへの前提段階であるとも言えます。表現を変えれば、第1段階のサイクル総仕上げであり次のステップへの〝反省と準備〟だとも言えます。

やってきたことを反省しつつ顧みることはとても重要なこと。〝反省〟には、〈うまく当初の想定した通りに進行したこと、想定外のアクシデントかトラブルが発生したこと、その内容は致命的であり、当初の想定をもう一度ゼロから見返すべきことなのか、部分的な修正で大丈夫なのか〉〈さらに次のステップに備えて改善すべき余地があるのか、そのコスト・パフォーマンスの量・質レベルはどうなのか〉〈改善余地もしくは、全体の構成からやり直すなら、各関係部署・部門の誰にどう連絡・確認すべきなのか〉〈どこの部署、部門の誰に、いつ連絡、報告し、その連絡センターは誰なのか〉あくまでも〈改善〉レベルの段階であるから〈改善〉でよいのか、もしくは、デザイン、企画レベルから手を付けるのかは当段階の担当責任者の判断が不可欠です。

チームで仕事をする場合、気をつけなければならないのは「赤信号、皆で渡れば怖くない」式になること。皆が責任もつと言うことは表現を変えればチームの誰もが責任をとらないにも通じます。

実はこの状況〈無責任〉に陥いる大きな要因の一つは部門のリーダーの潔癖性と責任感、使命感不在にあります。また、その背後にあるのは、大切なことをなれあい、ごまかしの組織としての風土が関わります。

私自身木工機械メーカーにいる時、定盤（機械を置き加工する時の基盤）の傾斜修正に、一発パシーン、と木槌で叩き「よし！」とした部長がいて口論になったことがありました。（鋳物にヒビが入りますから）

この「反省」イコール「改善」段階が品質マネジメントの出発点です。

〈G→P→D→C→Aのカン・コツ・ツボ〉

①当初は、スムースに廻せずとも、とにかく〈質レベルの保持〉第一にします。

②C・Aで見つけた〝改善点〟は小まめに確認して、メモし、マニュアル（手順書）に追加修正します。

③Cの段階ではマニュアルを用いる部分は、新人にでもできるような方法を採りますが、その場合は必ず〝検査〟を目視、触視できるベテランを経るように。

④問題発生時に気をつけなければならないのは、Dの段階に戻ることです。と言うことは、どんなことでもトラブル時は元（現場）に戻れ、と言うことです。

⑤このサイクルで大切なことの一つは「すべての結果を担当者全員が事の共通認識することと、打開策と実施結果の意思統一をしておくこと」です。

⑵ リーダーシップとフォロワーシップ

〈リーダーシップ〉

先述の通り、チームが一つになって仕事を進めていく時、重要なことは〈リーダーの存在と動き方〉です。会社と同じでリーダーのあり方こそがチームのすべてだと言っても過言ではありません。

リーダーシップの本質＝一番大切なことは何でしょう。もちろん、一つひとつの仕事のことは当然として全体の流れと各々のパーツが（ステップ）のポイントをよく知っていることは大切でしょう。

しかし、人は所詮〝人〟です。いくら全身全霊をかけて懸命であってもすべてを知り、担当しマネジメントできる訳ではありません。

マネジメントとは「仕事をする人をマネージするのであり一人ひとりの仕事をマネジメントすることではありません」。仕事をするのは人であり、その人との信頼関係があってこそ「その人のする仕事をマネジメントできる」のです。

では、信頼関係はどのように築くのでしょうか。
特別に「さあ今日から信頼の絆で結ばれよう」としてできるものではありません。リーダーとしての「考え方」に根ざすやり方、行動の一つひとつ、それも日常的に無意識の内にやっていることこそが重要なのです。

私も自省するのですが、リーダーたる者は舞台に立つ俳優みたいなもの。それも観客席が背後にもあるような舞台。舞台のそでから正面、左右、そして背後、上下からなめまわすように３６０度回転する舞台に立っているのです。思うだけでも背筋が伸びます。視線は足下にも指先にもいきます。背後に気配を感じます。

この恐ろしい現実がリーダーをして「見られている自分」を意識させます。姿勢のよい人を見たり、美しい姿勢で食事する人を見ると、「あー、この人他人に見られていることが習慣意識になり、どんな時でも美しくあるのだろうな」と思わせます。

同様、リーダーとして「見られている事実を意識することがリーダーらしさをつくり体質になる」のではないでしょうか。

その具体的な日常の行動のことを私達は〈基本動作〉と呼び称しています。本当に「何だ、そんなことか」と思われますが、そんなありきたりの一つひとつの行動だからこそ、その人その人の本質があからさまに解(判)ってしまうのでしょう。

〈マナー（礼儀・節度）は相手を大切に思う形〉

基本動作の種類　①挨拶　②言葉遣い　③身だしなみ　④３Ｓ（整理・整頓・清掃）⑤クレーム対応・処理　⑥接客、応待　⑦電話応待　⑧ミーティング　⑨朝礼・終礼　⑩相談・報告・連絡（相・報・連）⑪指示・確認　⑫報告　⑬段取り　⑭事前打合せ　⑮スケジュール管理　⑯事前打合せ　⑰事後確認

これら、日常的な一つひとつの基本動作の実践が前提で、リーダーは、「部下に委せている仕事のすべては本来的に自分が直接やるべき仕事。それを他人である部下・メンバーにやって貰っているのだから、委せている部下に、最大の関心をもって接する」に尽きます。

その根底にあるのは、「部下の仕事の責任はすべて自分にある」です。本気で思わなければ、次に述べる〝フォロー〟はあり得ません。

〈フォロワーシップ〉

文字通り、メンバーが担当する仕事をフォローすることなのですが、〝仕事そのものの

フォロー〟と〝仕事をする人〟へのフォローの2つがあります。

フォローのネタは、仕事をする〈事前・最中・事後〉があります。

一見そうではない様に思えますが実は〝前〟(before)段階はとても重要で、この時が以後の仕事の質的時間的結果と効率に大きく関わってくると言えます。

そうです〈段取り〉なのです。事前準備のことなのですが、仕事の効率と大きく関わってきます。「〈段取り〉ができる」、は前後の仕事が理解でき〈仕事の質・量・時間・手間・効率〉を把握していることに通じます。

当然ながら「読める」「予測できる」「予め対応できる」フォロワーとしては完成後の用途についての理解があればさらに能力を発揮して貰えます。もちろん、マニュアル化できる仕事はすでにマニュアルがあっても新人には自分用をつくってもらうのも好し、学びと習熟につながります。

仕事ができる人は厳しいから、フォロワーは後輩の指導者でもある人には少し年配の所謂苦労人タイプの方が適任でしょう(聴く側が素直になれる)。

どうしても若い人と接する時、できる人は「これ位のこと、何故できないのか」視してしまいがちですが、これでは伸びる芽を摘んでしまいます。

リーダーは上から目線で通用しますし、また、そうでなければ多くの人を引っぱってはいけません。

しかし、フォロワーはそうではなく、相手と同じ目線でなければその役は全うできません。ある意味次につなぐ(工程のカイゼン・提案)のためにも、人材育成のためにも、さらに重要な役割です。

続いて〝中〟(in)＝仕事の最中のフォロー。この段階は、文字通り、Ｏ・Ｊ・Ｔ(仕事を通じての指導フォロー)です。

この段階では仕事をしながら直接指導するのですが、まさしく「やってみせ、言ってきかせて、させてみて、そして誉めてあげる」式になります。

この言葉、嘘か真か来歴についてはよく聞かされましたが、人の心理上、受け容れ易いやり方です。

これは何もリーダーとメンバー間のみの話ではなく、対人関係を円滑にするためのよいやり方です。若い頃、と言っても50歳代の頃、研修報告で社長夫人に、無意識の内にやっている公私のケジメのなさを指摘すると、「厳しく指摘されるよりやさしく言われたい」と言われました。「あ、そうかこの人は経営の話ではないのか……」。実行(Do)と直球一本やりの言い方を少しは反省しました。しかし、新入社員じゃあるまいし、そんなまどろっこしいゴマスリコンサルなんか真っ平ごめん!!とばかりに終わりましたが。

コンサルもクライアントに受け容れられてこその価値なのですが、言うべきを言えず、仕事が切れないように言わない、なんてこちらの精神衛生上、よろしくありません。

フォローする時は、場数を踏んでいることがモノを言います。相手の目を見て、話す内容と程度とタイミングが大切です。また、人を見てその人に合ったフォローの方法を採らないと逆効果です。

キーワード
「マネジメントサイクル運用のコツ」

〈目標・計画・実践・確認・次へ〉の一貫性とリズム

8、マーケティング・マネジメント
「市場を知り強みを磨き資料・経験・カン・先見力を」

（1）中小企業が狙うべき市場は……

「市場戦略の構図」

ステップ・バイ・ステップ
成長＝独自のモノ・サービス
①今のビジネスの延長線上、関わりのある辺境エリア
②さらに柱を太く・大きく

先を見越して計画と実践策を決め、実施していく（ex.自社のみでもM＆Aでも）

〈実践力〉先見力

観察・リサーチする

市場の現状と今後の見通しと情報力	ライバルの有無とその強みと弱み

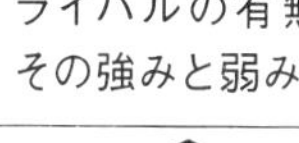

わが社の能力
（ヒト・モノ・カネ・技術・情報・マネジメント力）
強みと弱み

ビジョン（将来展望）

理念

ポイントは
①〈市場の現状と今後〉
②〈ライバル有無と強弱〉
③〈わが社の強みの補強〉

①〜③を支えるのは、自社の現状分析に根差した日常の（トップを含む）コミュニケーション力の有無が問われます。

重要なことは「即効薬の処方はない、5年、10年、時々として30年を要しても小さなことの積み重ねの結果が独自の商品と市場開拓につながっている」という現実です。

他と同じことを考え、同じことを真似するだけでは〝独自の領域〟は作れない、広がらない。マーケティングの考え方の柱は「戦略方針」にあります。総論の能書になりがちな大まかな話は止め「自社独自の考えからに基づく戦略方針」を考えます。

戦略・戦術方針の捉え方には2つあります。

その1「市場の成熟度とライバル対策」	対外
その2「社内の対応方針と社内対策」	対内

市場分析（ライバル&商品別）・S、W（強み・弱み）分析しながら、P／L項目毎の数字を入れます。

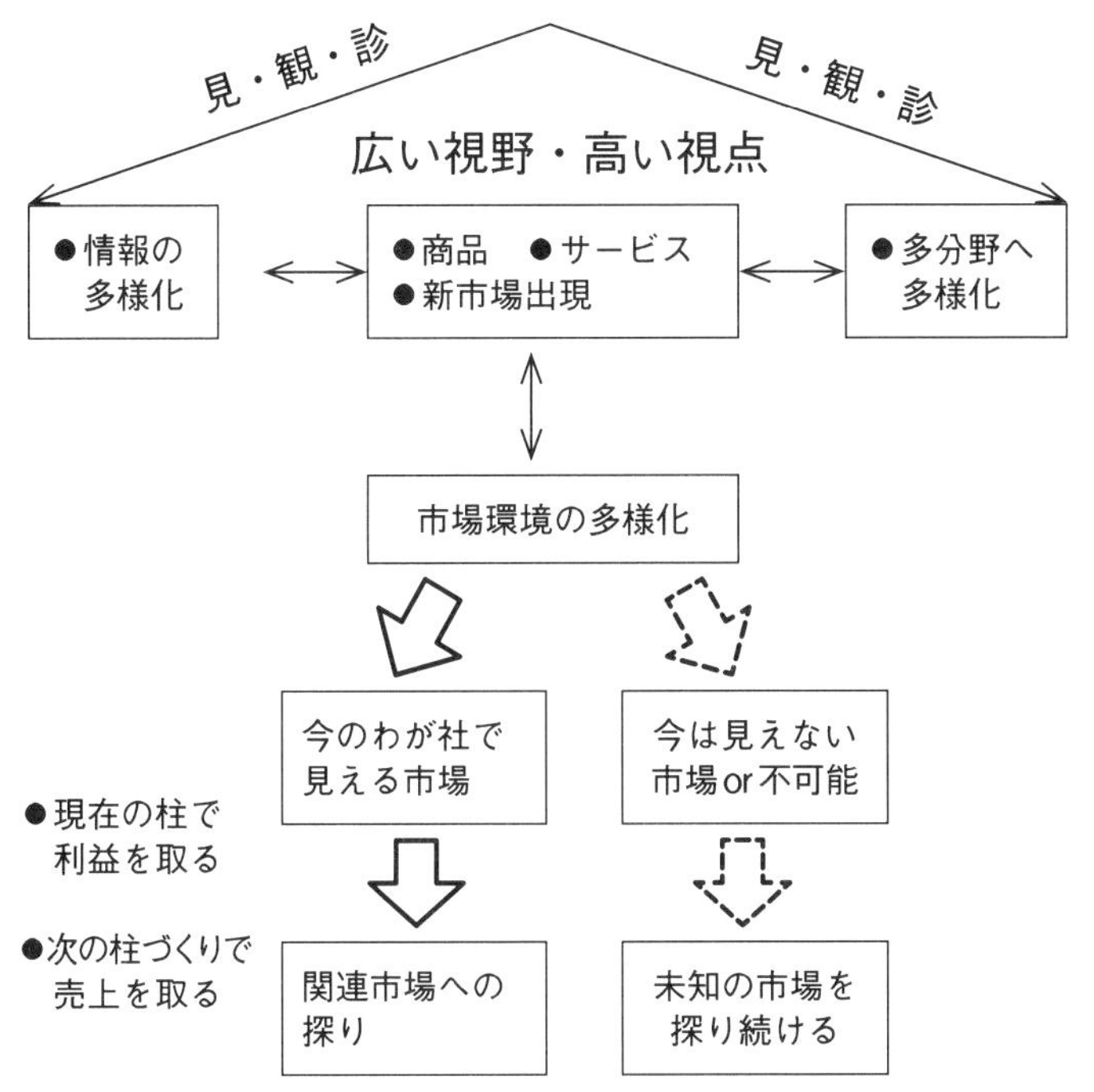

〈ポイント〉

①「選択と集中、Or」でなく
「これとできればあれも、And」へ

②今のお客さんとのパイプを太く

③商品・サービスのバリエーション

④多種少量化への対応

⑤日常的に新分野を考える

大企業における全社的戦略はほとんどが社長直轄の経営企画室あたりが策定するようです。

例えば大手M社で全社的戦略策定をチームメンバーとして担当していた人の話でも、「戦略なんて大方針の策定は本当に大まかで、4~6年の間社長を務めた方は『前の人の方針は無視するなよ』『今の景況なら関連事業の内、バイオを育てていくのが時代的だね。まあ、工場農業だネ』で骨子を考えました」（15年前の話ですが変わっていないでしょう）。

そこで強調されたのは意味不明の『企業価値を上げる』でした。

ここで言う企業価値とは対外的には「社会の中で、会社として提供する商品やサービスに環境基準対応、社会貢献の類なのですが、何よりも儲ける」に尽きます。

中小企業の対象市場は狭いからこそ顧客・商品・サービス・自社の持ち味・ライバルの強みと弱みがよく解っています。それだけに、改めて自社の現状認識を社内で絵に描き、ことばにし、数字を上げてやるべきです。

事業戦略＝個別の現場をもつ事業＝直接売上を上げ、利益を得るための事業の見極めとそのための既存市場・新規市場の類別化、ライバル企業の弱みの補足、自社の強みの補強のやり方を会社として確認することです。

そのため、捉えるべきある特定の商品で狙うべき市場＝顧客に対してどのような方法

（策）で戦うのかが最重要テーマになります。

しかし、中小企業の現実はそのようなまどろこしいことに、人手、時間をかけることはできません。トップ１人か２人が白板にデザインした図表を用いて判断していくのです。

それを文章にしますと、次の通りです。

（2）S（強み）W（弱み）分析・（現在と将来のビジネス・会社を知る）

〈その1〉 環境分析（競争要因）＝外部

①新規参入の有無・可否

例：・製品の差別化　・投資効果　・規模の経済

・物流の確保　・既存企業のあり方　・技術レベル・政策

②ライバルの動き

・業界の成長性　・ライバルの乗り換え

・商品の差別化　・ライバルの数と多様化

・供給過剰　・維持費用の多少

③顧客の購買力

・品質要求、価格要求力　・安定した購買力

〈その2〉　内部ヒト・モノ・カネの分析＝内部

①ヒト＝人材の質・量の両面と、融通つけることの可否、全体のバランス、測定・試算

②モノ＝商品の種別・品揃え・在庫の有無と可否（特に在庫・物流）

③カネ＝運転資金（人件費、仕入商品代金、売上予測と資金の回転、財務の安定性とキャッシュフロー情況）

④収益構造、勘定科目毎の管理可能費＝変動費項目と不能費用の抜本的削減

⑤前記①〜④は〈製造・販売・仕入・企画設計・事務のコスト〉を具体的に測定し、コントロールの可否基準をつくる。

〈その3〉　ライバルに対する〝競争優位〟の基本戦略

（具体的にライバルとの違いを目視できるデータ）

①コスト・リーダーシップ

とにかく仕事にかかるコストをライバルよりも低く設定することで一目瞭然の優位性をもとう、との意。

②差別化

ライバルとは異なる特性をもったり、ライバルの商品やサービスよりも〈早く、丁寧に〉

③コスト集中、差別化集中
対象ターゲットを絞り込み、絞り込んだ対象（顧客対象、製品、サービス、エリア……）に集中してコスト・リーダーシップ、差別化を徹底することです（M・ポーター）。

（3）戦略の大ワクの中での具体策の段階での〈予・実〉ギャップの埋め方

現状の業績と予め決めた「策の実践＝戦闘レベル」差と原因を明確にしておくこと。環境想定を見誤ったのか、自社とライバル社間の強みと弱みの想定違いなのかを確認しておかなければならない。

具体的な進め方については、前記3章の7、マネジメントの廻し方「目標・計画からすべてが始まる」「（1）G→P→D→C→Aから次のG→P→D→C→Aへ」

具体的なやり方は、自社の状況を冷静に見て地に足の着いた考え方、やり方を考えること。

キーワード
「市場・環境の捉え方とポイント」

〈時代・環境・市場〉・ライバルと自社のあり方から、〈方向づけ〉

9、独立採算制度による社内組織とマネジメント「顧客満足・社員満足のために……」

基本は現場がよく見えるフラット型

組織は肥大化していくことでマネジメント自体が複雑化します。〈よりモノ・サービスづくりの現場に近いところでマネジメント（必ずＰ／Ｌが出る仕組みの中）することにより、顧客満足を高め、維持し、社内的にも高効率であるべきは経営の根本です。

〈その１〉「事業部制」

〈その２〉「機能別分社制」（カンパニー制）

〈その３〉「Ｐ／Ｌ（Ｂ／Ｓ）別分社制」（カンパニー制）

〈その４〉「純粋持株会社制」（ホールディングカンパニー制）

他にも多くのパターンが考えられますが、クライアントにとって「よりよい商品・サービスが提供できて」「社員にとっては協働し、お役立ちの喜びを実感できる」組織であることが重要です。だから何れのパターンのマネジメント組織にしても、「借りモノではない独自の哲学＝理念」が形になっていなければなりません。

京セラで実績を上げた〝アメーバ経営〟は中小企業での採用には社内取引の煩雑さもあ

り、中小企業では自社全体を把握できるＰ／Ｌ、Ｂ／Ｓ、原価計算によりタイミングよく実態把握できれば十分です。この仕組みの優れてよいのは〝考え方〟です。

私のクライアント（お客さん）はほとんどが中小企業です。社長は10人中７人は創業者か経営不振の会社を再建した中興の祖といわれる人。

共通して求められたことは、「やり方と仕組みを教えてほしい」です。

その中で、「独立採算制度と成果配分のやり方」が一番のヒットです。とくに、私の先輩が自分の前職で先輩と作られたと聞く成果配分システムは人気がありました。しかし、ルールはつくったものの、いざ成果が出ると社長が払わない時には困ってしまいました。「私一人では全体を見ることができないから、部門別に利益が分かるようにしてほしい。利益応分のボーナスは払いますから……」と言って、社員と約束したのに。あらかじめ利益分配ルールをよりシビアに（例えば益金処分の株式配当を調整する）運用し社員の信頼を得たこともありました。社員が納得しない仕組みをつくっても、社員の不信を買うだけ。あらかじめ決めたルールに反するトップを理で説明するのもコンサルの仕事。

そのために〝管理会計システムを導入〟し意識をもちモラール（士気）を保つためのリーダー研修を数多く担当しました。そこで利益の行方を説明します。

例えば利益が10あれば、納税・役員賞与・配当を差し引き借入金返済があれば次期繰り越し利益は1ですよ、と。

ほとんどのケースで仕組みを入れ、士気も上がり成果配分の実施に至りました。右肩上がりの業種が普通に良好な時代でした。業績が上がりすぎて専務が「私より部門長の年酬が多いのか?!」ということもありましたがそれがよいのです。

経験上思うことは、

(1)どんな仕組みをつくっても経営者自身の仕組みに対する考え方、思いの軸が崩れてはならない。あくまで社員との意思統一と約束ができていて、一体になって同じ方向を目指す考えと体制でなければならない。

(2)ある時、仕組みをつくったリーダーである私の先輩がチョークで黒板を叩き、白い粉を撒き上げ、口角泡を飛ばしながら話すのですが、実行時にトップの考えをベースに、社員が理解・納得し実施するまでは苦労していました。

(3)併せて実施する経営理念づくりは、私が担当し、並行してリーダー研修を実施しました。会社の方向が明確であると、研修効果も極上。研修により「計数の基本」と「リーダーシップの基本と実践」「計画策定」を学ぶことにより、会社・社員双方の意識は格段に上がります。

企業内研修にオープン研修(各社集合)を加えたリーダー研修は1万5千人ぐらいの参加

者になります。オープン研修の場合は研修終了後、派遣会社の社長に報告します。社長自身かナンバー2が参加されている会社研修の参加者は、一様に明るく、元気でしたが、そうでない会社は、社長が「おたくに派遣しても効果は一ヶ月ですネ」と。まるで他人事です。即、応えます、「たとえ一日でも効果があれば、続くか否かは、社長、会社の責任ですよ」。以降、たとえオープンといえど、派遣会社の社長とは事前に必ず面接・面談し、「経営」についての話を聞き、人となりを確認するようにしました。会社＝社長との一体感は「同じ舞台を踏んだ」「同じ釜の飯を共に」と言う事実から醸成されることを実感しました。どのような形態の独算制であれ、法に則り運用されている限り問題はありません。会社として、社長としての考え方に基軸を持って採用される仕組みなら必ずうまくいきます。コンサルを活用するなら丸投げではダメです。私たちは会社のために、会社に代わって仕事＝成果を上げるための仕事をしているのですから。

キーワード
「会社活性化のコツ」

制度の運用の根本は
トップと現場の情報共有と意志の通いあい

10、リスクマネジメントの基本は準備と覚悟・経営者自身がリスク・マネジャー

トップダウン！　直観力・判断力・決断

リスク〈危機・危険〉は経営のどのような局面でも存在します。起こるべくして起こった危機、普通はあり得ない危機到来、天災・人災を問わず経営上発生するリスクの結果責任は経営者が負わなければなりません。

天変地異・疾病によるリスクは一気に国家単位の行政組織とリーダーの考え方、在り方にまで大きな課題を突きつけます。

時代の変わり目に国家運営はリーダーの資質と能力により、行政機関の無力さが一気に顕わになります。企業経営にとってリスクは、人為的な〈倫理・不祥事・統治・談合・セクハラ・モラハラ等〉のレベルを越えて会社の「生きるか死ぬか、続くか絶えるか」の次元に至ることは少なくありません。

(1) リスクの種別と対応

A. 予測可能なリスク（ある程度のマニュアル化可能）

〈考えられる範囲のマニュアルによる定型対応〉

①経営レベルのリスクを洗い出す
②リスクへの対処ややり方、回避のしかた、防止、軽減の具体策（ケース毎）
③ケース毎の損失リスクを算定する
④リスク処理の方法はマニュアルで対応可能
（例えば、a トップマネジメント、b 生産、c 販売、d 労務、f 財務、g、情報等各部門から発生する火災・労災・クレームを含む）

B. 予測不可能なリスク（トップ瞬時の反応と全社の意思統一、行動が不可欠）

〈トップダウンによる"万が一"の決断対応〉

①発生した瞬間の情報収集（内・外全ての情報）
②経営トップが核となりプロジェクトチームで対応を即断・即決・判断し、即実践へ
③トップダウンで実行にもっていくのが命
（例えば、a、天変地異・疾病 b、自然環境、c、社会環境、d、政治環境、e、法律環境に関するもの）

Aは既存のマニュアルとコンサル・税理士・弁護士（専門）・社労士と社内メンバーで対応できます。

B経営リスクの源泉は「自然・災害・人間との関わり」にあり、意思決定の巧拙と決断のタイミングが命です。

それは、会社・経営者・リーダーとしての

①管理力の有無
②情報欠如
③時間不足
④認識の差

を問われる。

それは、経営者・リーダー自身の資質と能力であり、言いかえれば直観力を支える見識（視野・視点）と意思決定の拙劣、能力、性格と行動力です。

(2) リスク対応への考え方と実際

A・Bを問わず、起こり得るリスクを想定することに限りがありません。100年に1度、200年に1度と言われる災害や前代未聞の事故・事象を考え、整えることが不可欠だとは思いません。しかし、日常業務の延長線上にあるリスク、例えば火事・地震・犯罪への対応等についての多くは当たり前の〝定型〟に忠実であれば防げることも少なくないはず。A・Bともに結局は「経営への見方・考え方」が根本にあります。

基本は〈トップダウンによる意思統一・決断・対応・行動〉

リスクマネジメントのステップ

ステップ	ポイント
1、知る	情報収集・整理
2、見る	現場の事実目視・確認
3、判断する	ヤルべき策と選択
4、決断する	実行への決断
5、実行する	リーダー中心のチーム編成→実行
6、マネジメントする	①プロセス確認 ②ステップ確認 ③担当間のコミュニケーション ④進捗確認と次への段階

会社は環境適応業ですから「経営」は市場（お客さん）に合わせて商品・サービスづくりをすることでしか生き残れません。

「お客さんに合わす」は妥協でもなければ迎合でもありません。自社の持ち味・強みを生かし、活かし切る前提で「現状とその延長線上」に明日のわが社があるか否かです。

「時代が変わる」とは経営の考え方を変えずにやり方を変えること。需要・供給関係で需要（市場）が変われば、供給側が適応するしか生きるすべはありません。

ビジネス上の戦いとは、市場におけるライバルとの戦いであり「対内的」には、会社の体制を支えている変わろうとしないヒト・組織・体制そのものです。

〈事例〉

①総合アウトドア用品メーカー、モンベル創業者のリスク対応指針は、

〈怖がりであれ、万一に備える〉、「何どき何が起こるか誰にも分からない」なのです。

28歳で起業した発意は、自身が登山（1969年アイガー北壁を世界最年少で登頂成功）する生活の中で「使い易い、丈夫、手ごろな価格の登山商品が欲しい」からでした。この自らの思いを込めた企画に体験を採り入れて開発・生産に至るわけです。当初は山で知り合った登山家が経営する会社のブランドを借りつつ、自社ブランド商品を作ったのも、他社ブランドは扱うがあくまでも自社分が主軸。今も、地道に着実な成長を遂げ、神戸・東

北大震災時のボランティア活動はテレビ報道でも知られ多額の寄付は耳に新しい。
②次にあげるアパレル企画メーカーの社長もリスク対応については同様の考え方です。私の尊敬する社長は高卒後3年、昔風の丁稚奉公を経て独立。15年で年商80億のアパレル企画・卸・小売の一気通貫（SPA）方式で大きく成長しました。
この社長の素晴らしいところは、考えからの軸がぶれないこと。明確な価値判断基準は「儲かるか否か」が絶対的で、そのためにも、「信用はすべての基本、基本とは当たり前のことをヤリ切ること」「とにかく謙虚であれ。頭を下げよ」と自身は誰に対しても180度腰を折っての挨拶でした。

だから、優れたメンバー幹部も同様の考え方、日常のありようでした。社長以下、幹部社員の一体感は素晴らしい。〈謙虚が品性の根本〉〈ビジネスは厳しく〉〈石橋も鉄橋も、視て、叩いて、こわごわ一歩一歩渡れ〉〈どんなことでも負の兆候を見逃すな〉がリスクマネジメントの基本でした。この人の用心深さは人一倍でした。
③FC（フランチャイズ）はコンビニエンスストア、レストラン、コーヒーショップ、カラオケ、ゲームセンター、小売、サービス業の多くに展開されているシステム。

商品企画・納入・陳列・販売方法・接客・会計処理・ユニフォーム・サービス・マネジメントのノウハウ一切合切のすべてをFC本部に委せ加盟店の運営、教育もサービスシステムを併せ、見返りは加盟店売り上げの5〜30％の幅で本部にロイヤリティ（加盟料・販促費等）を支払う仕組みです。

扱う商品やサービスにも流行がありますから、成熟期までは「わずかのロイヤリティ（本部へのマージン）を払うだけで何もしなくてもこんなに儲かる⁉」という加盟店社長も少なくありませんでした。

いみじくもFC加盟店の社長の話は、「努力しないで楽して儲かったので飛びつきました」です。しかし、そんなことが一時的にあっても続きません。楽をする分加盟店に自力で生きていく力が付かないのは当然です。

アパレル業でも周知のように、レナウン、三陽商会等の有力企画・卸売会社はアーノルドパーマー、バーバリー、他の海外ブランドとの契約期間終了後の業績は惨憺たる結果が出ています。ブランドビジネスのリスクマネジメントの第一は「他社ブランドを使用している内に自社独自のブランドを育てること。ここで怠け、楽をするから自力がつかないのです。

前記①②の事例は苦労してビジネスを育ててきたオーナーの大胆さと臆病さを併せ持つ

経営でした。コンビニエンスストアに代表されるＦＣビジネスやブランドビジネスはサプライチェーン網を知り握る商社系の大企業に収れんされていくようです。本来の企業力とは創業時からお客さん・商品・サービスに最大の関心を寄せ、思い、際限なく工夫の泉を湧かして今に至るオーナーや会社であってこその自前の力です。

この場合のリスクマネジメント自明の結論は「自分たちが苦しみながら作り上げるブランド（信用）、結果は今でなくても必ず今と次に活きる」です。生きる基盤は結果ではなく「実践＝やった事実」です。楽して伸ばした分だけ落ちるときのショックは大きい、このようなビジネスには別の柱を早くつくっておかないと「継いだ」人は大変です。ＦＣビジネス、ブランドビジネスとは別の軸となる「自社独自の柱」があってこそ、そのリスクヘッジとしては有効。しかし、「借り物のノウハウや看板」は屋台骨を支える大黒柱にはなり得ません。

(3) こと始め　―何をどう考え、手を打つのか―

需要がなくなる、想定はありますか？　万一に備えることがリスクへの対応策なのですが、「万が一」の実感がないほど、社会全体が他人事感覚社会にあるようです。

〈今、現実に起こり実感すること〉

①なくても生きていけるモノ、サービスが多いことを知った（家ごもり、在宅ワーク）

②耐久消費財、資産感覚で見てきた住宅・自動車・関連産業のすそ野産業の展望が開けない（収入不安定、世界市場の縮小）

③一般消費財は、安全・安心・廉価・品揃えが当たり前で、付加価値は下がる一方（安全・廉価）

④日本のＧＤＰ２０１９年（ＷＴＴＣ）の約10％以上を占める観光業縮小化と外食産業（同22％）変化（インバウンドの減少→恒常化、イートイン→テイクアウト）著しい

⑤デジタルの世界が情報の拡散・便宜化・効率化に広がり仕事のやり方・技術を更に変えていく（無機質化）

⑥現場の多能工化は久しく前から言われているが、事務レベル（オペレーション）もモノづくり、ヒトの管理やサービス、現場で一人三役や兼業化。事務の合理化・効率化は同一会社での一人多能工化に結び付いていく（熟練→多能工化）

⑦非正規社員の増加と雇い止めによる雇用不安定と封建的雇用（年功制）の崩壊が徐々にそして急激に崩れる（そうでないと経営できない時代）

〈今後の対応方向〉

①「生き残り」＝「継続」への第一は「トップダウンの決断。全社周知と意思統一」
②世界を意識した視野・視点と今の顧客＝市場の変化から需要の量・質を測る
③キャッシュフロー＝現金資金（保有分）と万が一に備える資金調達
④現有事業市場の「少しずつ少しずつ、そして急激な需要減少」への対応
⑤中小企業だからこそ年功給から成果給へ＝人材の導入

リスクマネジメント

〈ヤルべき時のあるべき実践経営〉

①「万が一」の想定と準備→周知独裁とコミュニケーション
②経営内容のオープン→周知・納得→行動の準備
③「常在戦場」に兵糧＝現金積み上げＰ／Ｌ（損益計算書）よりＣ／Ｆ（キャッシュフロー）
④「身を捨ててこそ浮かぶ瀬もあり」→消えるカネ生かすカネの区分け

⑤「肚をくくり・判断・決断」↓決定↓行動へ
⑥「経営上のリスク予測」に基づく実行計画↓修正と実践↓資金繰り↓金融機関↓社員↓関係機関・先(必要に応じて社内・弁護士・税理士とのプロジェクト組み↓ステップとやり方のまとめ)ここで「長期経営計画」を想定・策定するもよし

「時代は劇的に変わろうとしている」のです。変わらなければなりません。生きるために、続く人のために……。

キーワード
「リスクマネジメント」

わかりやすい経営・積極果敢な経営・
信賞必罰の経営

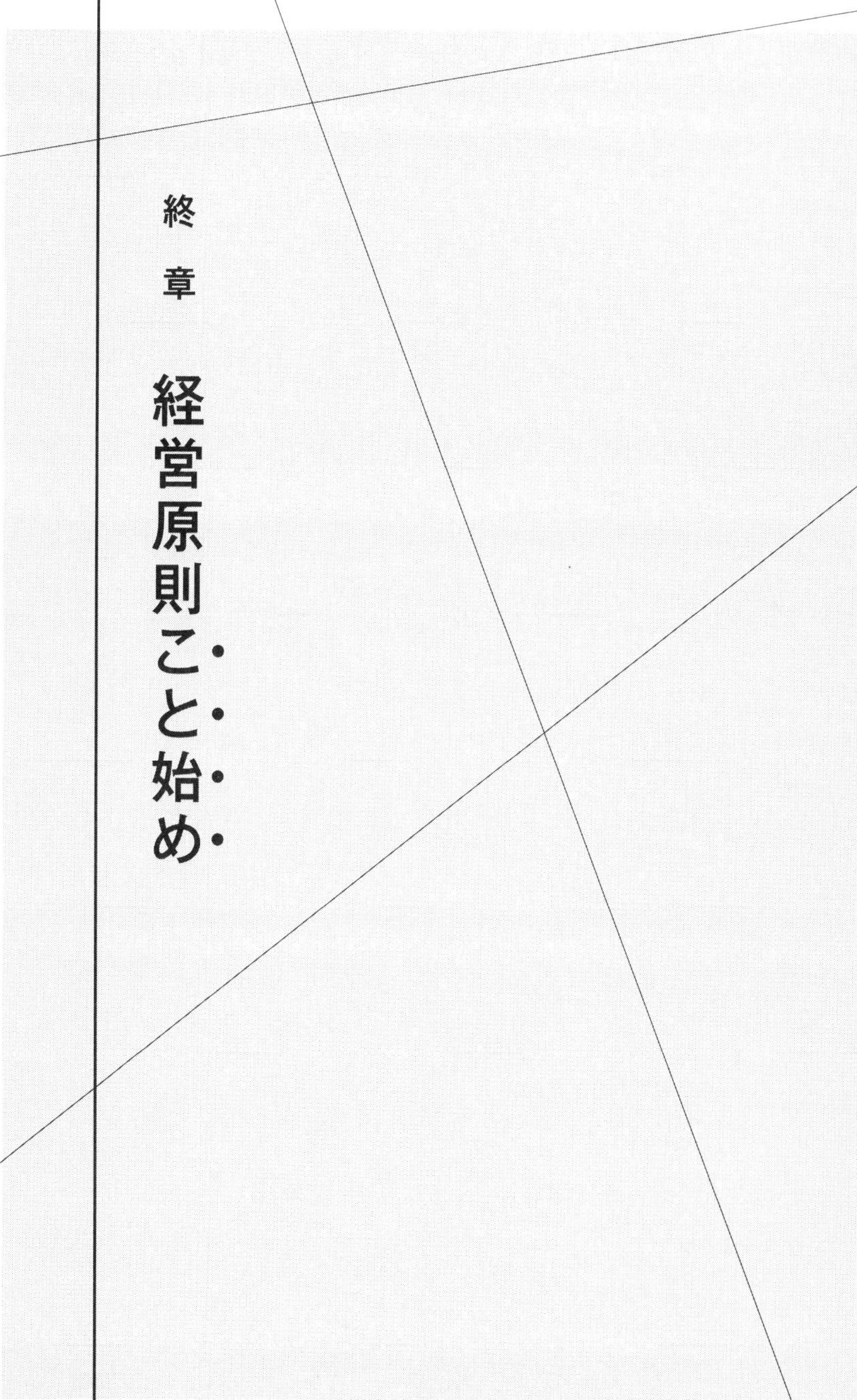

終章

経営原則こと始め・・・・

256ページにまとめた「継ぎ、続けるための8ポイント」の各項目に当書内容を踏まえて事例を入れ、終章とします。

目次全項目の一つひとつは大きいテーマですから「幹」と考え「枝葉、そして実」のために各位お考えの中で参考にして頂ければと思います。

1、万能経営者のワンマンから組織（集権・補佐人体制）、支えるのは〝人〟

私の知る会社のほとんどは中小企業、実態は家族経営です。経営形態は分け方により〈家族生業・家業・企業〉〈零細・中小・大〉や〈規模＝人員・資本・売上〉で考える場合もあります。しかし、経営形態の原点は個人でありその延長線上にある家族経営です。上場企業であっても支配株を有する持ち株があれば家業継承経営と言ってもよいと考えます。「社長にできても経営者にはできない」とは一代で有数の企業にした先人の経験名言。会社「継続」は家族経営の域を越え、社会的責任は大きく、組織としてのマネジメント力が不可欠です。資質・能力、そして「志」をもつ経営者でなくてはなりません。

会社はある日突然現在の水準に達するのではありません。創業者、立て直し成長させた二代目三代目の中興の祖が粒々辛苦を経てこその今。

即ち、個人＝家族経営は小、中、大に至る基盤。創業者・中興の祖からの〝継ぎ方〟〝継ぎ時〟は次への大きな分岐点。「伸びるか」「止まるか」「下るか、堕ちるか」なのです。実力社長は社内では万能の「個の力」で支配します。次代は同じようにはいかないから「組織の力」にする事で経営力にしなければなりません。

「組織の力」といってもまずは、社長の近くにいる一人、二人、三人から次代を担うべき若い人を「組織の力」にしていくのです。今の在り様と考え方から次のあるべき会社を思い描きます。

私自身がコンサル会社を立ち上げる際に、先輩やコンサル能力ある人に気を遣い複数代表制にしましたが見事に失敗。原因はその時の自分に自信がなかったのです。3人の内で私が全体の意思決定をすると合意していても肩書きがついてしまうと本人はその気になってしまいます。当たり前ですが……。3年ほどで他の2人は一緒に出て、一年足らずでまた、別れられたそうです……。

後継者の決め時は決めたくても相手の意思も含め支障・事情がありますから一概に言い切れません。事前に必ず本人の意思を確認し、仕事を通じて教え、学びの段階を踏み決めれば「委す」こと。あくまで〝能力・資質〟とその前提は〝人間性〟ですが。

うまく交代ができた本書冒頭1章の事例は2社共に、後継者は30から35歳、社長は65歳、

70歳前後でした。

子女3人4人が同じ会社に入っている例は結構あります。儲かっておれば家族で、と思うのか世間で通用しないからなのか、将来の苦のタネを蒔いているのですが、会社経営がつまずけば家族、一族が一蓮托生なのに。第1章冒頭の事例では世間でありがちな相続問題も事前に解決済みでした。初代か実力中興の祖が次代に継ぐ時こそが危機です。

2、能力平均値を上げる成果差主義報酬を

2章の事例2と3共に子女3人、4人が学卒後即入社。企業の社会性、継続の価値、何の意識もないのでしょうが、例外なく全て他社での経験や学びと修行の期間をもっていません。その中で次代を決めても、頼りない、至らないと分かっていますから親がカバーし、立てよう立てようと格好をつけた扱いをします。それを「育てている」と勘違いしています、まるで絵に描いたような「裸の王様」。

2章事例3はメーカーですから普段はあまりもの言いしない優れたエンジニアや設計者のクールな視線が光っていました。私は一族の端くれで技術力はなく総務・経理担当です。意識して、ヒマをみては現場に出てはペンキ塗り、トラックでの資材運び、時には刃摺り

作業も。

「継続」を意識すればまず、バカな低次元の公私混同はできません。「継続」を考えれば年上年下関係なく恥ずかしくて偉ぶりなどできません。ましてや辞めて行く人に対して冷たいあしらい仕打ち、他の社員がどう思うか、それぐらいの繊細さ、共感性、気遣いのできない人がトップマネジメントはできません。

大企業は社長はじめ全員がサラリーマン。サラリーマンだからこそ、「ヒト」を人としてみる平等意識は常識としてもっています。しかし、この時代に必要不可欠な、能力上の評価＝成果評価によるサラリーの仕組みを導入する度胸も勇気もありません。

皆理屈は分かっているのですが、できない、やらない、相変わらず世間に横並びする弱さ。そんな大半の官僚的大企業の真似、従属をする情けない中小企業。

旧い感覚、例えば二昔前の丁稚奉公感覚にある中小・零細企業では時として「ヒト」を使い捨て、消耗品感覚視し、退職金もロクにださない。でありながら「人が来ない、若い者は我慢がない」の愚痴。〝志〟のない会社に人材が来るはずはない。

中小企業だからこそ、その人の仕事をする能力を通じて成果を上げる人への評価基準に基づく給料体系が導入できます。福利厚生全てを大企業並に、なんて毛頭必要ありません、「一点集中、サラリーだけ」でよいのです。中小企業だからこそできることをヤルのです。

会社の継続は賢い経営者〈見識と常識と世間を知り基軸をもつ〉と賢い社員〈志をもち、プロ意識ある〉が元気であることから。

〈所有＝株主、経営＝マネジメント〉の分離は選択肢で、その延長線上に多くの会社は上場を果たします。

他人である社員にとっても所有と経営の分離により、幹部・社長へ、の目標ができます。

3、理念・方向の意思統一で会社と社員の一体感づくり

普通、社員にとって会社は生活の糧を得るための仕事をするところであり、仕事を通じて社会でのお役立ちに喜び、生きるための能力を磨く場です。それも短期ではなく縁は何十年も続くのです。

ロシアの文豪ゴーリキーが「どん底」で発する言葉、「仕事が楽しみなら人生は極楽、義務なら地獄だ」。本当に好きなことは続きますがイヤなことキライなことは続きません。

相性もあるでしょうが、そのようなレベルではなく「合う」「合わない」は根本的な生き方考え方に触れる根源です。

たとえ合わなくても、今暫時、自分がすべきことのために踏ん張る、と言うなら意味は

あります。しかし、続きません。

個人も会社も「なぜここにある？」「何のためにこれをしている？」、これは正に人おのおのの問いかけであり自らへの答えです。

なぜ頑張る？　誰のために頑張る？

企業がヒトの集合体であり組織は企業目的実現のための責任の分担であるからこそ、企業には集団としての考え方＝理念、目標＝方向が明確でなければ、辛くても愉しくても仕事をするためのバネにはなりません。辛い時に踏ん張れるのは「自分が選んだ」との原点があればこそ。

会社の大小や世間風評、見かけの体裁でなく、「この会社は何を考え何を目指し何をしょうとしているのか」を経営トップ自身が自らに問いかけ、社員もまた熱い志を抱きぶっつけなければ。合わぬは不縁の因、会社も「見た目が80％」なのです。

どんな時も「前へ前へ」、嫌なこと、情けないこと、恥ずかしいこと何でも来い、受けて立つ勇気を支えるのは志です。社員が自分に課すヤルべきことのために、今ヤルべきことに力を尽くす。そんな舞台が会社です。続けることは力、貫くことは生命をはぐくみます。

4、打開すべき課題には全力で取り組む

「今」が無ければ明日はありません。今、自分(達)がやるべきことをやらずに誰がやるのでしょうか。どんな場合、どんな時も自身が主人公です。

「努力は嘘をつかない」とか。やるべきことをやるべき時にやらなかった事実を自分だけは分かっています。逃げたことからは一生追っかけられますが、逃げたから見えたこと、分かったこともあります。逃げなければできたこともあるでしょうから矢張り、傷は残ります。

ここでのキーワードは「全力で」です。どのような苦境であってもその時は苦境とは感じなかった、それは一生懸命であったから気がつかなかっただけのこと。アパレルメーカーの社長と食事をした折にふと目に入った指に爪が無い、後でご一緒した方に聞けば「ストレスですよ、皇室ご用達、なんて雑誌に載ってますが彼の頑張りには刺激させられます」とまた凄腕の社長。そう言えば私も指先の皮がボロボロの二年間がありました。人各々、人生には踏ん張りどころがあるのです。

「幸運の女神に後ろ髪は無い」と言います。今だ！　ここだ！　の心の響きは日頃磨き続けている触覚・感覚・直感あってこそ。過ぎ去った後でいくら掴もうとしても振り返って

はくれません。ヤルベキ時に徹底してヤリ切る、のです。

必死に今を頑張って、フト前を見ると光が見える、よし、と励める。これも必死に頑張っているからこその希望なのです。

チャンスは平等、知識も感覚も多少の違いはあるにしてもそれをどう実践するか、愉しいではありませんか。それも自分一人では無いのです、希望・夢に飢えた社員がそこにいるのですから。精神論ではありません、「考えること、四六時中考え抜く、書く、話す、探す」中で「天は自ら助くる者を助く」。情報・現状分析・環境分析と先見性が礎です。

5、利益は結果、結果の基は顧客満足（C／S）＝売上、基盤は社員満足（E／S）の徹底

どんな言い訳を口にしても同時代に生きる他社がしていることができないはずがありません。経営は結果です、その結果はどこから来るのか。P／L中の勘定科目、売上から営業利益の間に並んでいる科目、そこにこそ利益の素があります。どこにどのような理由で何のためにカネを出しているのか徹底した見極めが不可欠。

効率とはカネの出と入りのバランスです。出すカネを絞りすぎると絞り切れでボロボロ

に、絞らなければボタボタとムダにだらしなく流れます。必要なカネが必要に応じて使われる、それが効率、効果のある数値です。

顧客満足度測定値は売上です。売上は会社存在・存続の基盤。これがあれば工夫の余地があります、今と明日を支えるのはヒト。すでに3で述べた「理念・方向づけ」が合う人の集合体、能力社員満足、には「年功給」から思い切った「納得性ある能力給」への転換が中小企業だからこそ可能です。「見せかけの平等主義から「実のある公平主義」へ。E／Sで士気を上げましょう。

時代は今を機に大きく変わろうとしています。

今やっている仕事がなくなるかも知れない……これが現実であることを実感します。我が社は社史50年、１００年、江戸中期から２５０年だからと言っても、それが今の消費者と何の関わりがあるのでしょうか。その時代その時々の環境に馴染み、越えてきたからこその今であるだけのこと。

売上を上げるためにはそれだけのヒト・設備・資本を要しますが財務事情さえ許せば拡大成長に迷いはありません。撤退、となれば膨大莫大な負のエネルギーを要します。

このようなケースでは文字通り企業の構造改革に躊躇があってはなりませんが、中小企業でも売上＝顧客支持をうるためにはかなり思い切った発想が必要です。「やるべきことをしっかりやり切る」「キメの細かいサービス」「現事業の中で付帯的補完的ビジネスを」も重要なところです。しかし商品・サービスそのものはもちろんですが、提供の場、方法、ルート、タイミング、対象などの領域開発もまた重要な顧客開拓につながります。

切り口は、「お客さんのしてほしいこと探し」です。

消極的手法ではありますが地道に続けておれば「残り福戦略」、即ち他社が撤退、廃業したから生き残れることもあるのですから。

6、現実・現状を踏まえて大胆果敢なビジョンで前へ前へ

ここ20年、バブルの名残りで「選択と集中」が言われ続けました。経営資源をどこかに集中して経営資産の成果／投入、効率をあげようというわけです。有限経営資源の分散は何もかもが中途半端にはなります。名古屋・中堅企業社長は「経営計画には私専用に開発費用予算をつけるように」と売上高の1％の開発予算を取っていました。

一見思いつきに見えるような商品が便利グッズとしてアパレルメーカーの目にとまったり、高級紳士服小売業の婦人用ノベルティに採用されています。

従来からの価値基準・価値観で考えるよりも「アレかコレ」から「アレとコレ」への柔

軟発想がビジョン展開に求められます。

経営の根本は「堅く堅く」にあり、そこに異質な人材や若い感覚を活かせる場と時をどのようにつくるかです。その判断には当然カネが付いて回りますから、判断・決断のできるだけの関心・情報網が必要です。私がよく世間話に花を咲かせる人は「久しぶり！ と思う方には必ずお会いします、どんなお土産（情報）があるかも知れませんから」と。ビジョンと言ってもまるで現実離れした夢物語なんぞお遊び。社長自身と、社員にとっての希望でなければならないのです。

本文中にソニーの創業期の話を入れました。創業者井深さん盛田さんたちの前身・東通工では高邁な理想を掲げながら、今を生きていくために技術未熟な炊飯器製作、和饅頭菓子を作り必死の日々を送っていたのです。また、紹介した事例も含め、アントレプレナー（起業家）は皆が皆、熱い想いを抱きつつ目指す事のために夢を追っているのです。素晴らしい！

7、大局着眼、小局着手、実践は細心で基本が肝心

リスクはチャンス、ではありますが一か八かのバクチではありません。

今だけにこだわりますと、どうも小さくて狭くていけません。年をとれば先人の言葉が身にしみます。ここでは「千里の道も一歩から」「廻り道は近道」、家族経営の三ちゃん経営ならよいのですが、アカの他人の社員さんと共にある会社で50人、１００人、５００人、２０００人と共にある会社なら、それなりの規模内容の将来像は社員の意識・士気のためにも必要です。私が機械メーカーの子会社に居た頃、親会社の倒産から再建、子会社としての位置づけが明確になった時、３歳年上の社長に会社の将来像を問いました。話していると近所にある町工場の規模でしかありません。「この人に自分の人生を賭ける事はできない」と新しい道に踏み出す決断ができました。

中期経営計画は会社の経営のやり方や構造を変えるためです。なぜなら、社長個人の経営能力を組織能力に変えることができなければ、「会社継続」の基盤がつくれないからです。

１章の冒頭事例１に挙げた社長の偉さは、社長の席を長男に譲ってしばらくは戸惑って居ましたが、会社に出入りはしても口は出さなかったこと。あの方、こんなに絵画が巧みとは、と新鮮な発見でした。出展優等賞の暑中見舞いが美しかった、のびのびと。

戦略投資、経営計画を策定する過程で「A経営計画」と「B挑戦経営計画」の二本立てにします。Bの計画に〈成果配分原資〉と〈開発投資〉分を含めばよいのです。

8、「油断大敵」、広く深く考え、〝万が一〟に備える

２０１９年秋からの中国を発し、２０２０年初頭から日本、全世界に及ぶコロナウイルスによる経済波及には底なしの怖さを感じます。

「生き残り第一」に、ヒト、モノ、カネの経営資源の効用価値を見定め、対処することから始まります。日常生活を過ごす中で意識することはありませんが、呑気な生きもので「万が一」の備えの大切さは何かが起こるその時にならなければ分からないのです。森羅万象はもちろんのこと、毎日の生活自体を安穏とできていることも当たり前のように思っています。そうではないのですね。

人間が生きていること自体が「諸行無常」。同様に企業経営もまた今があり明日もまた今日と同じ日が続くと考えている、それが私達凡愚なのでしょう。コンサル生活40年、何をしてきたのかと、自問しますが中々自答ができません。

今もこうして詮無いことを書きながら、「書くことは考えること」と思いつつ、今と先を想います。

「油断」は心の緩みであり、無為に生きることの傲慢さと怠惰を戒めてくれます。

大胆に、そして臆病に細心に、そして積極果敢に！

「万が一」を耐え打開するのは「C／F即ち現金資産」、右手で手を動かし指揮し左手にはソロバンと現金資産を。経営内容・心の余裕は経営の余裕であり信用、支えは〝志〟です。

終章　経営原則こと始めのまとめ「継ぎ、続けるための8ポイント」

1、万能経営者のワンマンから組織（集権・補佐人体制）、支えるのは〝人〟
2、理念・ビジョンの意思統一で会社と社員の一体感づくり
3、能力平均値を上げる成果差主義報酬を
4、打開すべき課題には全力で取り組む
5、利益は結果、結果の素は顧客満足（C／S）
　　＝売上高、基盤は社員満足（E／S）の徹底
6、大胆果敢なビジネスで前へ前へ
7、大局着眼小局着手、実践は細心、基本が肝心
8、「油断大敵」。広く深く考え、〝万が一〟に備える